Haxe
[ヘックス]
プログラミング入門

HAXE

はじめに

　プログラムは、携帯電話やパソコンの軽量化と高機能化によって、ずっと私達の身近なものになりました。
　ユーザーに近いプログラムのひとつはJavaScriptでしょう。ブラウザで見ることができるサービスのほとんどが、JavaScriptで動いています。

　JavaScriptには多くの良い面もありますが、多くの問題も抱えています。
　高い柔軟性の反面、大きいプロジェクトではコードの読みにくさやバグが混入する可能性を高めてしまいます。それらを回避する記述方法も考案されていますが、人によって書き方が違うこともあり、それが運用や保守の難しさにつながっています。
　そもそも、JavaScriptは大規模開発のための言語でもありません。
　また、JavaScriptで作ったパソコン向けのサービスを、スマートフォン向け（iOSやAndroid）のアプリで用意する必要があるという状況も多く、移植作業に開発者は苦労しています。特に移植した後にバグの修正や、追加の機能があると、保守コストが跳ね上がることにもなりかねません。

　「Haxe」（ヘックス）という言語は、これらの問題を解決する力があります。厳格でミスを防ぎ、修正しやすい言語仕様で、大規模開発にも耐えられます。
　また、JavaScript、Flash、PHP、C++、Java、C#、Pythonなどの言語に書き出すことができるため、1つのソースコードで複数のプラットフォーム（モバイルアプリやブラウザ、サーバなど）に、一度に対応できます。

　本書は、すでに既存の言語を知っている開発者を対象とし、Haxeの導入、機能紹介から、簡単な「インタラクティブ・コンテンツ」を作るところまでを解説しています。
　Haxeを学ぶ人に、本書が最初の道標となることを願っています。

尾野　政樹
&
ディーグエンタテインメント

Haxeプログラミング入門
CONTENTS

- はじめに ……………………………………………………………………… 3
- 動作環境について …………………………………………………………… 6

第1章　「Haxe」を使う意味
- [1-1] 「JavaScript」の置き換えとして ……………………………………… 7
- [1-2] 「ActionScript」の置き換えとして …………………………………… 10
- [1-3] 「マルチプラットフォーム」として ………………………………… 11

第2章　開発環境の準備
- [2-1] 環境構築前にコードを試す ……………………………………… 17
- [2-2] Haxeのインストール ……………………………………………… 20
- [2-3] 「FlashDevelop」のセットアップ ……………………………… 24
- [2-4] プロジェクトの共通準備 ………………………………………… 35
- [2-5] JavaScriptのみの作業 …………………………………………… 41
- [2-6] Flashのみの作業 ………………………………………………… 47

第3章　基本構文
- [3-1] 初期状態 …………………………………………………………… 57
- [3-2] 出　力 ……………………………………………………………… 57
- [3-3] コメント …………………………………………………………… 58
- [3-4] 変　数 ……………………………………………………………… 59
- [3-5] 構造体 ……………………………………………………………… 64
- [3-6] typedef …………………………………………………………… 65
- [3-7] 演算子と制御文 …………………………………………………… 66
- [3-8] スコープ …………………………………………………………… 76
- [3-9] 文字列内の変数展開 ……………………………………………… 77
- [3-10] 正規表現 ………………………………………………………… 78
- [3-11] クラス …………………………………………………………… 79
- [3-12] 関　数 …………………………………………………………… 82
- [3-13] メンバ・ローカル ……………………………………………… 86
- [3-14] アクセス修飾子 ………………………………………………… 87
- [3-15] static …………………………………………………………… 88
- [3-16] inline …………………………………………………………… 89
- [3-17] this ……………………………………………………………… 90
- [3-18] オブジェクト指向プログラミング …………………………… 90
- [3-19] haxelib ………………………………………………………… 98
- [3-20] untyped ………………………………………………………… 99
- [3-21] 外部ライブラリの使用 ………………………………………… 100

CONTENTS

第4章　JavaScriptを書き出す
- [4-1] 基本構成 …… 107
- [4-2] DOM …… 109
- [4-3] jQuery …… 110

第5章　Flash (SWF) を書き出すときの基本
- [5-1] Adobe AIR …… 117
- [5-2] 基本となるSpriteを得る …… 118
- [5-3] 外部素材を埋め込む …… 118
- [5-4] ActionScriptライブラリを使う …… 122
- [5-5] 出力するSWFの形式などの指定 …… 124

第6章　「OpenFL」を利用する
- [6-1] 概要と特徴 …… 125
- [6-2] 環境設定 …… 128
- [6-3] プロジェクトの作成 …… 129
- [6-4] サンプルプロジェクト …… 132
- [6-5] Androidネイティブアプリを書き出す …… 134

第7章　特殊な機能
- [7-1] プラットフォーム言語によって処理を変えるための構文 …… 143
- [7-2] 型パラメータ …… 144
- [7-3] 無名関数 …… 145
- [7-4] アクセス制御 (Property) …… 146
- [7-5] enum (列挙型) …… 147
- [7-6] パターンマッチ …… 153
- [7-7] テスト …… 154
- [7-8] TypeとReflect …… 155
- [7-9] ダックタイプ …… 156
- [7-10] Serialize (直列化) …… 157
- [7-11] abstract …… 158
- [7-12] macro …… 159
- [7-13] 関数の呼び出し位置の情報を得る …… 159

- サンプルゲームについて …… 161
- 索引 …… 166

●Windowsは、米国Microsoft社の米国およびその他の国における登録商標または商標です。
●Java、JavaScriptは、Oracle Corporation およびその子会社、関連会社の米国およびその他の国における登録商標です。
●Adobe、Flash、Flash Player、Adobe AIRは、アドビシステムズ社の登録商標または商標です。
●その他、各製品名は登録商標または商標ですが、®およびTMは省略しています。

動作環境について

本書では、次の環境を前提として、解説しています。

■OS

「Windows8.1」を利用。
その他のWindowsでは、細かい設定の違いがある可能性があります。

また、本書で利用するエディタの「FlashDevelop」は、「Windows XP」より前のバージョンや「Mac OS」には対応していないため、注意してください。
「Mac OS」でのエディタの選択肢についてはp.34のコラムを参照してください。

■ブラウザ

「Haxe」から「JavaScript」に書き出したコンテンツは、「HTML5」対応のブラウザで動作します。

本書では、次のブラウザで動作を確認しています。
・Internet Explorer バージョン11.0.19
・Google Chrome バージョン43.0.2357.132
・Mozilla Firefox バージョン39.0
・Opera バージョン30.0.1835.88

ただし、「Mozilla Firefox」以外のブラウザでは、ローカルファイルでのテストはできません。

■Flash Player

「Haxe」から「Flash」に書き出したコンテンツは、「Flash Player」を使って動作します。
本書では、「バージョン18」で動作を確認しています。

■Visual Studio

第6章で解説する「OpenFL」の利用には、「Win32 API」に対応した「Visual Studio」を動作できる環境が必要です。

OpenFLの公式サイト(http://www.openfl.org)では、「Visual Studio C++ 2010 Express」以降を推奨しています。

「OpenFL」を利用しないのであれば、「Visual Studio」は必要ありません。

第1章 「Haxe（ヘックス）」を使う意味

> 「Haxe」を使うメリットは大きく分けて2種類あります。
> ひとつは既存言語の置き換えです。既存の環境で、Haxeの強力な言語仕様を利用することができます。
> もうひとつは、複数環境で同じプログラムを動かせることを利用し、移植性だけでなく、更新やバグ修正時のコストを下げます。

1-1 「JavaScript」の置き換えとして

■ JavaScriptの問題

「JavaScript」は、Webサイトなどで広く使われており、JavaScriptなしに今のWebは成り立たないと言えるでしょう。

しかし、JavaScriptには多くの問題があります。
特に問題になるのは、動的型付け特有のバグの見逃しや、仕様変更への弱さ、保守コストの高さです。
他にも、packageやnamespaceがないためにコードの見通しが悪いことや、多人数開発での難しさ、熟練者でも間違えることのある難解なスコープやthisの挙動などがあります。

もちろん小規模開発において、動的言語であるという特徴は、「柔軟に素早く開発できる」という強みになります。
しかし、大規模な開発においては、これは大きな弱点となります。
現場のクリエイターたちは、スタイルガイドの工夫[※]や、大量のテストによるチェックを行なうことで、この問題にある程度対抗してきました。
しかし、それにも限界がありました。

※ Googleが発表している、「Google JavaScript スタイルガイド」やその他「モダンJavaScript」と呼ばれる記述方法。

第1章
「Haxe」を使う意味

■ altJS

以上のことから、ここ数年で「altJS」(オルト・ジェイエス)と呼ばれるJavaScriptの代替となる言語が次々と生まれています。

たとえば、「CofeeScript」「TypeScript」「JSX」「Dart」などで、「Haxe」もaltJSのひとつです。

altJS言語の多くは、「静的型付け」をもっています。

静的型付けの言語は、慣れていない人からすると、"面倒臭い"とか、"タイピング数が増えて嫌だ"といった印象があるかもしれません。

しかし、そもそも近年の開発環境は、優秀な「入力補完機能」があるため、実際のタイピング数はむしろ少なくなることすらあります。

また、規模が大きく、変更が多いようなプロジェクトの場合には、文字数やタイピング数よりも大切なものがあります。

静的型付けのメリットは、プログラムの実行速度が速いということだけではありません。変更やリファクタリング、追加仕様の実装が、安全で楽になるという点も重要です。

型そのものが一種のテストになるので、仕様変更時に作られるバグが減り、変更すべき箇所がすぐに分かる、という効果があります。

■ 型推論

しかし、面倒臭さを気にするのも分かります。

そのため、Haxeでは、型を書かなくても型を書いたのと同様の効果が得られる、「型推論」という機能が導入されています。これによって、変数に型を書かなくても、コンパイラが自動的に型を判断して、型がある言語のような効果を得られます。

詳細は後述しますが、例として次の2つのコードは、Haxeでは同じ意味をもちます。

```
var message:String = "A";
```

```
var message = "A";
```

[1-1] 「JavaScript」の置き換えとして

型を決めていないわけではありません。自動的に、型を書いたのと同じ扱いになります。

この機能は、最近では多くの言語※に取り入れられていますが、Haxeの型推論は、とりわけ強力で頼りになります。

●**大規模な開発に最適**

もしあなたが、個人の趣味で小さいJavaScriptを書く程度なら、altJS言語に手を出す必要はありません。

しかし、そうでない場合、あるいは今後複雑な仕事を行なう可能性があるのならば、altJS言語を試す価値があります。

Haxeはその中でも、厳格で仕様変更時の安全性が高く、大規模な開発に耐え得る言語です。

「TypeScript」との比較

altJS言語を使う場合、Haxeの他に推奨するなら「TypeScript」を挙げることができます。

TypeScriptとHaxeを比較した場合、その最大の違いは、JavaScriptとの相互性です。

TypeScriptはJavaScriptと高い互換性を持っており、既存のJavaScriptに少し手を加えるだけでTypeScriptとして使うことができるほか、現在JavaScriptを使っている人にとっては、学習しやすい言語です。

逆に、TypeScriptはJavaScriptの仕様を引き継いでいるので、悪名高い数々の仕様上の欠点を引き継いでしまっています。

たとえば、「this」の意味が状況によって変化してしまうことや、比較演算子である「==」の厳密性が低く、安全なコーディングには「===」を使わなければいけない、といったことです。

※ C#、Go、Swift、TypeScriptなど。

また、Haxeのもつ、「マクロ」「引数を持つ列挙体（enum）」「代数的データ型」「パターンマッチ」「マルチプラットフォーム」などの機能は、TypeScriptにはありません[※]。

TypeScriptよりもHaxeのほうがコンパイル速度が速いというのも、大規模なプロジェクトでは開発に影響を与えるでしょう。

JavaScriptの小中規模プロジェクト、あるいは既存のJavaScriptの資産を大量に使う場合や、JavaScriptに強く慣れ親しんでいる場合は、TypeScriptが向いています。
　一方、大規模や長期運用のため高い安全性を求める場合や、移植の可能性が見込まれる場合、あるいはJavaScriptの仕様に嫌気が差している場合は、Haxeを選択するといいでしょう。

1-2 「ActionScript」の置き換えとして

最新の「ActionScript3.0」は、JavaScriptよりも少し大規模開発に向いた機能が導入されていますが、それでも欠点はあります。

たとえば、ActionScriptでは関数の型に引数や返り値の情報がないので、コールバックなどを使うときに、その「引数」や「返り値」が正しいかどうかは、実行するまで分かりません。そのため、変更時の修正箇所を探すのが大変です。
　他にも、最近の言語では当たり前にあるような、「ジェネリクス」（型パラメータ）や「列挙体」（enum）のような便利な機能がありません。

いちばんの問題点は、現在の開発会社であるAdobe社が、あまりActionScriptの改善に熱心ではないということです。

Haxeは、すでに「次のActionScript」としての充分な機能があります。しかも、オープンソースとして開発されているため、新しい仕様を次々と取り入れています。

※これら特殊な機能は、小中規模の開発ではそれほど出番はないが、大規模開発や長期運用において威力を発揮する。

ActionScriptを使っている人が乗り換える先として、Haxeはこれ以上ない言語です。

1-3　「マルチプラットフォーム」として

マルチプラットフォームはHaxeの大きな特徴です。JavaScriptはもちろん、Java、C++、C#、PHP、Pythonなどに書き出すことができます。

つまり、Haxeを使うだけで、Webブラウザコンテンツ、デスクトップアプリ、スマートフォンアプリ、サーバシステムを作ることが可能です。

この特性は、さまざまなことに利用できます。

■ 移植性の向上

まず思いつくのは移植性の向上です。

iOSやAndroidのアプリを同時に開発したり、それをHTML5でブラウザゲームにすることもできます。

同時開発には、後に解説する「OpenFL」を使うことができます。

■ クライアントと同じ処理をサーバで計算

オンラインゲームなどでは、クライアントでゲームの処理を行なうと、結果を偽造（いわゆる"チート"）されるなどの危険性があります。

とはいえ、サーバで何もかも計算してしまうと、サーバの負荷が上がったり、ゲームの応答性が悪くなったりと、悩みの種です。

Haxeを使えば、同じコードをクライアントとサーバに書き出すことができるので、たとえばダメージ計算をスマホアプリなどのクライアント端末で行ない、後でサーバで同じ計算をして正当性を検証するといったことが可能です。

第1章
「Haxe」を使う意味

また、ユーザーが触れていないときにゲームを自動で進めるようなシステムのゲームに利用すれば、ユーザーが遊んだときと、サーバで処理したときの結果を同じに保ち、追加仕様の際も、とても楽に管理できます。

■ 複数環境のコードの共有

同じコードを2回書く手間が省けるのも利点ですが、それよりも重要なのは、「コードが共有される」ということです。

たとえば、特定のアルゴリズムを2つの言語で書くということは、それほど難しくはありません。

しかし、そのコードを運用している間に、追加仕様やバグの発見があった場合はどうなるでしょうか。クライアントとサーバに分かれた2つのコードのバージョンの管理は大変手間がかかります。また、担当者が違えば些細な取り間違いが発生しますし、修正後のアルゴリズムが常に揃っているかも確認しなければいけません。

「Haxe」では、1つのコードで両方のプラットフォームの処理を管理することができるので、変更時の手間を大幅に減らすことができます。

[1-3] 「マルチプラットフォーム」として

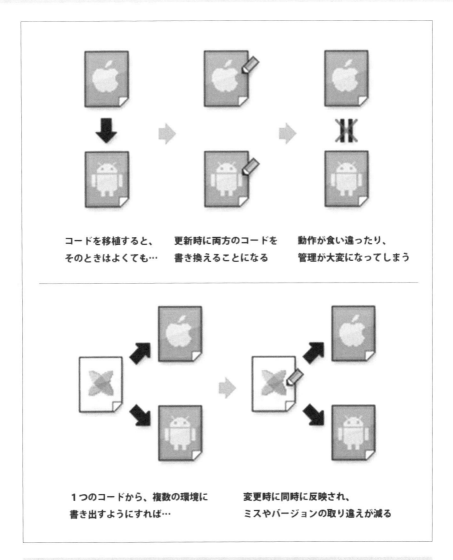

■ 通信仕様をクラス定義で行なう

　Haxeには対象のインスタンスなどを文字列に変換し、復元することができる「Serializer」というクラスが、標準で用意されています。なんとこの変換と復元は、別のプログラム言語にまたがっても機能します。

　たとえば、クライアント側のデータをSerializerによって文字列に変換

し、サーバに送ってから復元することが可能です。しかも型情報は維持されたまま、対象のクラスのインスタンスとして扱うことができます※。

クライアントとサーバ間の通信は、JSONやXMLで行なわれることが一般的です。これらの方式では独自クラスの定義が失われるため、「どんな変数が存在しているか？」を示す仕様書を別に用意することになります。

しかし、Haxeを上手く使えば、コードそのものが、サーバとクライアント双方の仕様書になります。変更時は未対応部分にコンパイルエラーが出るので修正し忘れもありません。

何より、ExcelやWordやPDFといった、面倒くさい資料が減るのは素晴らしいことです。

書き出し言語の学習

Haxeでアルゴリズムを組んでしまえば、それを各言語に変換することができるため、翻訳機として言語の学習に利用することが可能です。

ただし、JavaScriptを対象にした場合は、比較的きれいなコードを生成するのに対して、PHPの出力はそれほどきれいに出るわけではありません。あくまでも、使いたいアルゴリズムの処理が、その言語でどのように命令や文法を使って実装されるかを知るために、利用するのがいいと思います。

※abstractという機能を使って作られた一部のクラスは、対応していないことがある。

[1-3] 「マルチプラットフォーム」として

プラットフォームに依存する機能の扱い

　マルチプラットフォームとはいえ、各プラットフォームに依存している機能を別の言語で使うことはできません。
　たとえば、当たり前ですが、ブラウザで動作しているJavaScriptで、PHPの機能であるサーバサイドの処理をすることはできません。
　Haxeでは、どのプラットフォームでも動作するように提供されている機能と、指定の言語や環境でのみ動く機能があることを覚えておいてください[※]。

　しかし、大きなアプリケーションでは、プラットフォームに依存する処理よりも、サービスの独自のアルゴリズムを使う割合が増えます。
　独自のアルゴリズムを、マルチプラットフォームにすることは意義があることが多いので、共有できる部分は、プログラム上で意識して切り分けておくようにしましょう。
　Haxeには、プラットフォームや、言語などの条件によって処理を変えるための構文も用意されています。
　また、それぞれのプラットフォームを同じプログラムで表現するための、ライブラリの整備も進んでいます。

　「OpenFL」というライブラリが有名ですが、このライブラリは、Flash由来の強力な2D描画機能を備えています。HTML5、モバイルアプリなどの上でも、ムービークリップのようなFlash独自の描画機能やコードを使って、ほぼ同じ表現をすることができます。これは、ゲームやプロモーションの表現、グラフィカルなアプリケーションの制作に有用です。
　本書では、「OpenFL」を使った開発についても解説します。

※公式のリファレンスページで、それぞれの機能がどの環境で動作するかの確認が可能（http://api.haxe.org/）。

第2章 開発環境の準備

> まず、「Try Haxe」というWebサイトで、Haxeコードを体験してみましょう。
> そのあと、「FlashDevelop」というエディタを使って、1つのプロジェクトをJavaScriptとFlash環境に出力してみます。
> どちらの環境でも、同じようなコードを扱えるようにしてあるので、目的に合わせた項目だけを読んでも問題ありません。

2-1 環境構築前にコードを試す

■ Try Haxe

　開発環境を準備しなくても、Haxeを試せるように、「Try Haxe」というWebサイトが公式に用意されています。このサイトを使えば、ブラウザ上ですぐにHaxeのコードを実行できます。

＜Try Haxe＞

http://try.haxe.org/

　上記のURLにアクセスすると、次のような画面が表示されます。

第2章
開発環境の準備

●画面の詳細

「Build+Run」というボタンを押すと、画面左側のコードが実行されて、結果が右側に表示されます。

初期設定では、JavaScriptで書き出すようになっており、実行すると「Haxe is great!」という文章が出力されます。

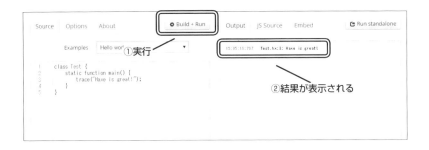

出力の左側にある数字は、出力された時間を表わします。

また同時に、ブラウザのJavaScript用コンソールにも「Haxe is great!」と表示されます。

Optionタブから、「Target」を「SWF」にすると、Flash出力になります。

この状態で、「Build+Run」ボタンを押してコードを実行すれば、同じように右側の画面上に「Haxe is great!」という文章が表示されます。

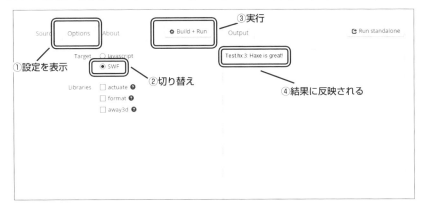

[2-1] 環境構築前にコードを試す

なお、「Test.hx:3:」という表示は、「Test.hxというファイルの3行目」という意味になります。

以上のように、出力は書き出しの設定によって、多少表示が変わります。
なお、このサイトでは、入力されたコードが、自動的に「Test.hx」というファイルとして扱われています。

■ コードを書き換える

次にコードを少し書き換えて、結果に反映されるか試してみましょう。

3行目が、デバッグ用に文字列を表示するコードです。これをもう1行増やし、文字を「Hello World」にしてみましょう。
実行すると、書き換えた部分が結果に反映されるはずです。

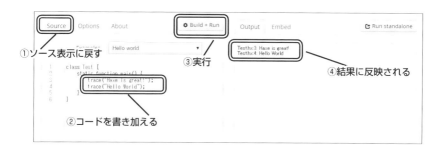

Haxeでは、1つのファイルに複数のクラスを書くこともできるので、本書前半の単純なサンプルコードであれば、このWebサイトで試すことも可能です。

2-2 Haxeのインストール

■ Haxeのダウンロードとインストール

　本格的な開発をするのであれば、やはり開発環境が必要になります。Haxeは静的型付き言語なので、開発用エディタの威力は絶大です。

　まずは、Haxeそのものをインストールする必要があります。
　以下の手順に従って、インストールを行なってください（本書では、Windows環境を例に解説します）。

---

[1] 以下のサイトにアクセス。

＜Haxe - The Cross-platform Toolkit＞
http://haxe.org/

[2-2] **Haxeのインストール**

[2] ページの上部にある「Download」のリンクをクリックし、環境に合わせたインストーラをダウンロード。

[3] ファイルを起動してインストーラを立ち上げたら、「Next」を選択して次に進める。

第2章 開発環境の準備

[4] もう一度「Next」を選択して、次に進める。

[5] 保存場所を設定（以降の内容に合わせるために、ここではデフォルトの位置を推奨）。

その後、「Install」ボタンを押す。

[2-2] Haxeのインストール

[6] インストールが開始される。

[7]「Finish」ボタンを押して、インストールを終了。

第2章 開発環境の準備

2-3 「FlashDevelop」のセットアップ

次に、エディタとして「FlashDevelop」をインストールします。
Flashという名前がついていますが、Haxeに対応しているエディタです。

■ インストール

FlashDevelopのインストール手順は、以下の通りです。

[1] 以下のサイトにアクセスし、「DOWNLOAD」ボタンを選択。

＜FlashDevelop.org＞
```
http://www.flashdevelop.org/
```

[2-3] 「FlashDevelop」のセットアップ

[2] フォーラムページが開く。

少し分かりにくいが、ページ下にスクロールするとダウンロード用のリンクがある。

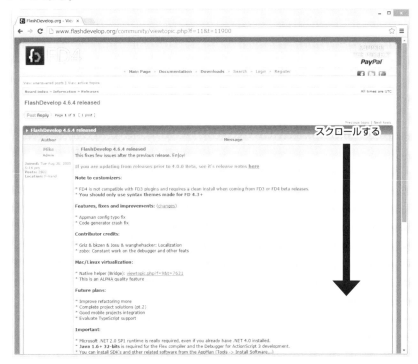

[3]「Download FlashDevelop 4.6.4 Setup」を選択して、インストーラをダウンロード（バージョン番号は、更新される可能性がある）。

第2章 開発環境の準備

[4] インストーラが起動するので、「Next」を選択して次に進める。

[5] インストール内容は、特に変更せず「Next」を選択。

[2-3] 「FlashDevelop」のセットアップ

[6] 保存場所も変更せず、「Install」を選択。

[7] インストールが開始される。

第2章 開発環境の準備

[8] インストールが終了したら、「Finish」を押して終了。

■ FlashDevelopを起動する

インストールが終わったら、FlashDevelopを起動します。

FlashDevelopの初回起動時は、「AppMan」という画面が出てきて、ソフトのインストールを促しますが、必要ないので閉じてください。

[2-3] 「FlashDevelop」のセットアップ

■ FlashDevelopを日本語設定に切り替える

インストールしたままでは、メニューなどが英語で表記されていると思います。これを日本語表記に変える設定を行ないましょう。

手順は、次の通りです。

[1] メニューの「Tools」から、「Program Settings」を選択。

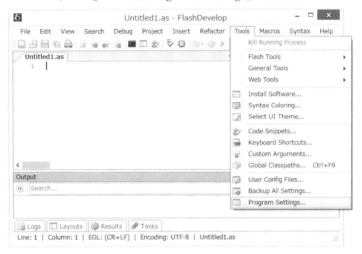

[2] 「Settings」ウインドウが開くので、左のメニューから「FlashDevelop」を選択。

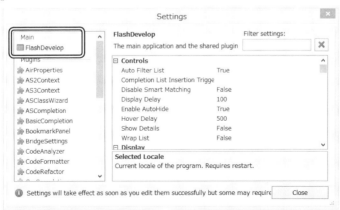

[3] 右側の項目を「Locale」が表示されるまでスクロール。

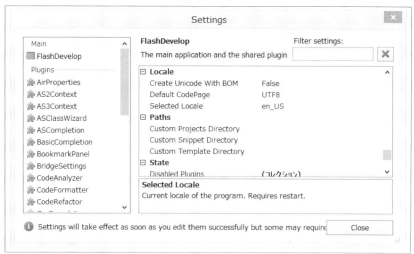

[4]「Selected Locale」の設定を、「ja_JP」に変更。

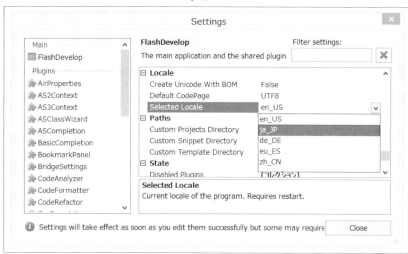

[2-3] 「FlashDevelop」のセットアップ

[5] FlashDevelopを再起動し、日本語化されていることを確認する。

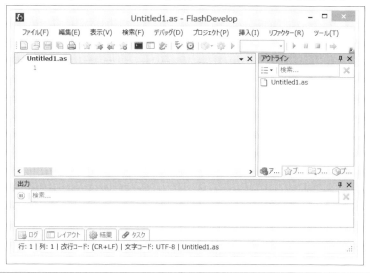

以後、メニューなどの名称は、日本語で説明します。

■ FlashDevelopに、Haxe SDKを関連付ける

次に、先にインストールしたHaxeを、FlashDevelopに関連付けます。

[1] メニューの「ツール」から、「環境設定」を選択。

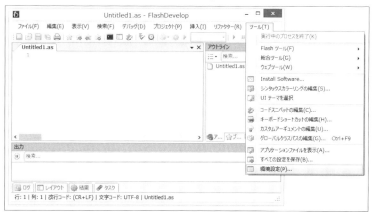

第2章 開発環境の準備

[2] 左のメニューから、「HaxeContext」を選択。

[3]「Installed Haxe SDKs」という項目の右側にある、「...」ボタンを押す。

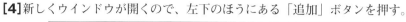

[4] 新しくウインドウが開くので、左下のほうにある「追加」ボタンを押す。

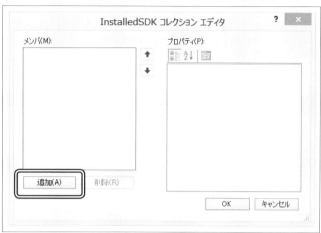

[5] いくつか項目が出てくるので、「Location」という箇所の「Path」項目を選択し、先にHaxeをインストールしたフォルダを選択。

初期状態のまま設定していれば、Haxeをインストールしたフォルダは「C:¥HaxeToolkit¥haxe」となっている。

第2章 開発環境の準備

[6] 正確にパスを設定すると、自動的に「Name」と「Version」の項目が埋まる。

[7]「OK」ボタンを押し、設定を終了する。

この後、JavaScript と Flash、それぞれの書き出しに必要な設定があります。

その他のエディタ

本書では、FlashDevelop の利用を前提として解説を行ないます。
FlashDevelop は無料にも関わらず、充分な機能を備え、しかも軽量です。しかし、FlashDevelop は Mac で使えない※ことや、一部の高度な機能を備えていないことに不満をもつ人もいるかもしれません。
そこで、FlashDevelop 以外で選択肢になり得るエディタを、簡単に紹介します。

●IntelliJ IDEA (http://www.jetbrains.com/idea/)

IntelliJ IDEA は、Java 言語などで人気の高い統合開発環境です。プラグインを入れることで Haxe にも対応します。
Eclipse 系に慣れている人は最初は挙動に戸惑うかもしれませんが、適切に設定を行なうことで、似たような動作で使うことができます。

Haxe 向けのプラグインは一部補完できないコードがあったり、プロジェクト設定が分かりにくいなど、多少癖がありますが、エディタ自体が非常に多機能なのと、Mac でも使えることから、こちらを利用してもいいでしょう。
なお、デバッグ機能を使うには、有料のライセンスを購入する必要があります。

●Sublime Text (http://www.sublimetext.com/)

統合開発環境ではなく、非常に多機能なテキストエディタです。Haxe 向けのプラグインがあります。

※抜け道として、CrossOver Mac というソフトを使って実行するなどの方法はある。

コードをタイピングしていく人に非常に向いていますが、デバッグなどの機能は弱くなります。

これだけで開発を完結させるよりも、他のツールと組み合わせるような形で利用するといいかもしれません。

● Haxe Studio (http://www.haxestudio.com/)

Haxe専用に作られている統合開発環境です。

非常に期待がもてるエディタですが、執筆時現在では、まだ開発中です。どんどん機能が追加されていくはずなので、定期的にチェックするといいでしょう。

2-4 プロジェクトの共通準備

開発に必要な設定ファイルなどをまとめたものを、「プロジェクト」と呼びます。

本格的な開発を始める際には、まずはこのプロジェクトを準備します。

プロジェクトの準備は、JavaScriptターゲットでも、Flash(SWF)ターゲットでも、基本的な部分は同じですが、一部の設定や、デバッグの方法が変わってきます。

ここでは、まず共通部分の説明と、その後JavaScriptとFlash、それぞれのプラットフォームでの設定方法を説明します。

第2章 開発環境の準備

■ 新規プロジェクトの作成

まずは、新規プロジェクトを作りましょう。

[1] メニューの「プロジェクト」から、「新規プロジェクト」を選択。

[2]「Haxe」のグループにある「Empty Project」を選択。

[3] 任意のプロジェクト名(ここでは「MyProject」とする)を入力し、ファイルの場所を設定してから「OK」を押す。

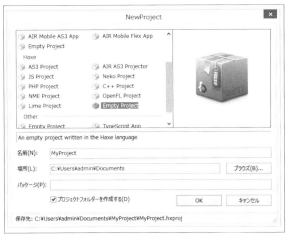

[2-4] プロジェクトの共通準備

[**4**]プロジェクトが出来上がる。

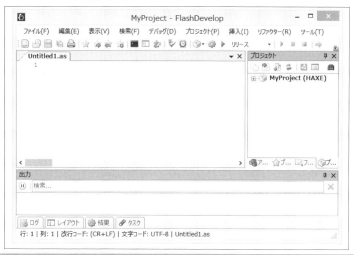

■ 必要なファイルとフォルダの準備

次に、srcフォルダとbinフォルダを作ります。

srcフォルダは、プログラムの世界において伝統的に使われているもので、プログラムのソースファイルを入れるためのフォルダです。

「source」「class」などのフォルダ名を使うこともありますが、全体としては圧倒的に「src」を使う場合が多いため、本書でも「src」とします。

binフォルダも伝統的なもので、プログラムの成果物を入れておくためのものです。

こちらも、「binary」「release」といった名前が使われることがありますが、今回は「bin」とします。

第2章
開発環境の準備

[1] プロジェクトパネルのMyProjectを右クリックして、「新規作成」→「フォルダー」を選択し、「src」という名前のフォルダを作る。

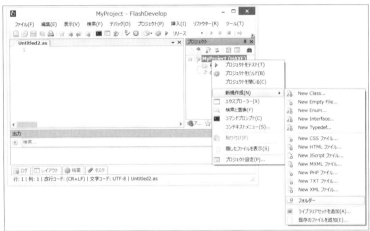

[2] srcフォルダを右クリックして、「ソースパスに追加」を選択※。

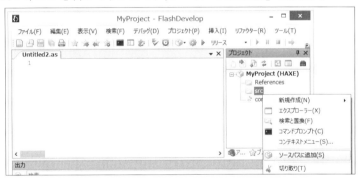

[3] 同様の手順でフォルダをもう1つ作り、名前を「bin」とする。こちらはソースパスに追加する必要はない。

※FlashDevelopではソースパスを設定しないと、クラスを新規作成したときに正しいパッケージ名が挿入されなかったり、補完が出てこなかったりするため、必ず設定しておく。

[2-4] プロジェクトの共通準備

■　　　　　　　クラスの作成

　最初に、起動するクラスを作ります。
　ここでは、以後の説明を簡単にするため、Try Haxeの初期状態と同じクラスを作ります。

[1] srcフォルダを右クリックして、「新規選択」→「New Class...」を選択。

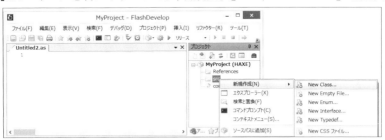

[2] 名前（クラス名）は「Test」とする。

[3]「Test.hx」が作られる。

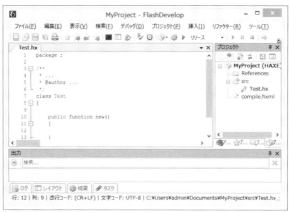

[4] ひとまず内容はすべて消し、Try Haxeと同じ以下のコードを入力。

```
class Test {
    static function main () {
        trace ("Haxe is great!");
    }
}
```

　これ以降の作業については、JavaScriptとFlashのそれぞれで設定が違うため、**2-5節**、**2-6節**のそれぞれの内容を見ながら進めてください。

2-5 JavaScriptのみの作業

■ hxmlの用意

hxmlファイルは、Haxeに書き出しの設定を指示するためのものです。

[1] プロジェクトパネルの「MyProject」を右クリックして「新規選択」→「New Empty File...」を選択。

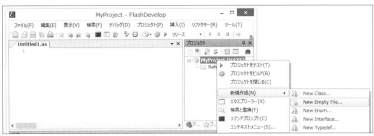

[2] ファイル名は「compile.hxml」とする。

[3] compile.hxmlが作られるので、プロジェクトパネルからファイルをダブルクリックして開く。

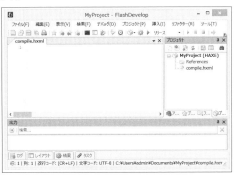

[4] JavaScriptを出力する設定にするため、以下の内容をcompile.hxmlに書き込んで保存する。

```
-cp src
-main Test
-js bin/MyProject.js
```

プロジェクトの設定

[1] メニューの「プロジェクト」から「プロジェクト設定」を選択※。

[2]「プロジェクト設定」ウィンドウが開くので、「プレーヤー」を「JavaScript」に、「コンパイルターゲット」を「カスタムビルド」に、「プロジェクトをテスト」を「ウェブサーバー…」に変更する。

※プロジェクトパネルから開くこともできる。

[2-5] JavaScriptのみの作業

[3]「プロジェクトをテスト」の横にある「編集」ボタンを選択。

[4]ダイアログが開くので、「bin/index.html」と記述し、「OK」を押す。

[5]ビルドコマンドのタブを選択。

第2章
開発環境の準備

[6]「ビルド前に実行するコマンドライン」に、「haxe compile.hxml」と入力。

[7]「OK」を押して、設定を確定する。

■ htmlファイルの用意

次に、JavaScriptを動かすためのhtmlファイルを用意します。

[1]プロジェクトパネルの「bin」フォルダを右クリックして、「新規選択」→「New HTMLファイル...」を選択。

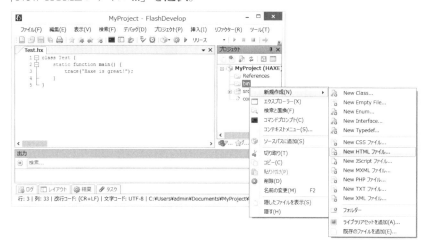

[2-5] JavaScriptのみの作業

[2]「index.hxml」という名前をつける。

[3]「head」内に以下の行を追加。

```
<script src="MyProject.js"></script>
```

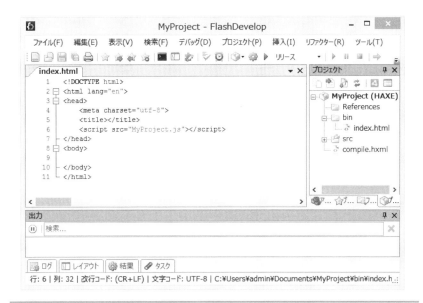

第2章
開発環境の準備

実 行

[1]「Ctrl+Enter」でコンパイルするとindex.htmlが開く。ただし、画面には何も表示する命令はしていないので真っ白になる。

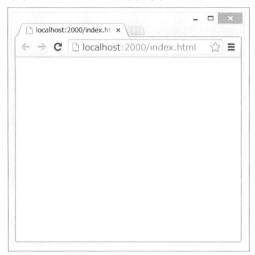

[2] ブラウザのコンソール※を開く。「Haxe is great!」が出力されていれば成功。

※ブラウザコンソールは、WindowsのGoogle Chromeの場合、F12キーで確認が可能。

2-6　Flashのみの作業

■ hxmlの用意

hxmlファイルは、Haxeに書き出しの設定を指示するためのものです。

[1] プロジェクトパネルの「MyProject」を右クリックして、「新規選択」→「New Empty File...」を選択。

[2] ファイル名は「compile.hxml」とする。

[3] compile.hxmlが作られるので、プロジェクトパネルからファイルをダブルクリックして開く。

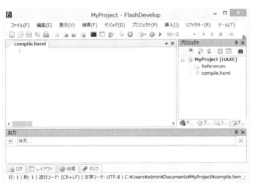

第2章 開発環境の準備

[4] Flash (SWF) を出力する設定にするため、以下の文字をcompile.hxml に書き込んで保存する。

```
-cp src
-main Test
-swf bin/MyProject.swf
```

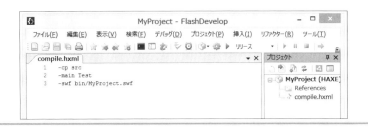

プロジェクトの設定

[1] メニューの「プロジェクト」から、「プロジェクト設定」を選択[※]。

[2]「プロジェクト設定」ウィンドウが開くので、「コンパイルターゲット」を、「アプリケーション」に変更する。

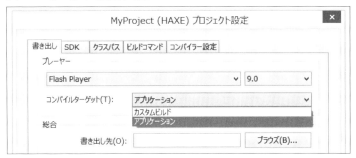

[3] 書き出し先に「bin/MyProject.swf」と入力する (hxmlの「-swf」と一致していること)。

※プロジェクトパネルから開くことも可能。

[2-6] Flashのみの作業

[4]「コンパイルターゲット」を「カスタムビルド」に戻す。

[5]「プロジェクトをテスト」が「再生:Flashビューアの設定による」になっていることを確認する※。

[6]ビルドコマンドのタブを選択。

※書き出し先のSWFファイルが、コンパイル後に開かれるための設定。

第2章
開発環境の準備

[7]「ビルド前に実行するコマンドライン」に、「haxe compile.hxml」と入力する。

[8] OKを押して、設定を確定する。

実　行

[1]「Ctrl+Enter」でコンパイルする。

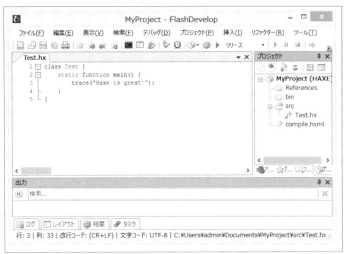

[2-6] Flashのみの作業

[2]「Test.hx:3 :Haxe is great!」と出力されたら成功。

第2章
開発環境の準備

■ デバッグ用プレイヤーのインストール

　Flashの開発中に、traceメッセージやエラーの詳細を見るためには、Debug版Flash Playerをインストールする必要があります。

---

[1] 以下のページにアクセスする。

＜Adobe Flash Player - ダウンロード＞

http://www.adobe.com/jp/support/flashplayer/downloads.html

[2] ページをスクロールして、「Windows版Flash Player 15 プロジェクターコンテンツデバッガーをダウンロード」を選択。

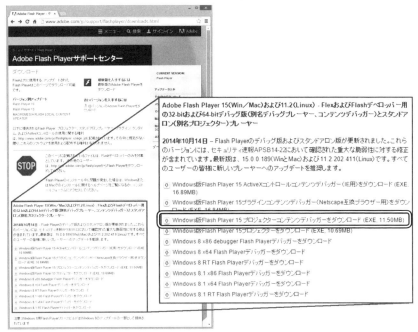

[2-6] Flashのみの作業

[3]ダウンロードできるファイルは、インストーラ形式ではなく、単体の実行形式ファイルなので、使いやすい場所に保存する※。

[4]メニューの「ツール」から、「環境設定」を選択。

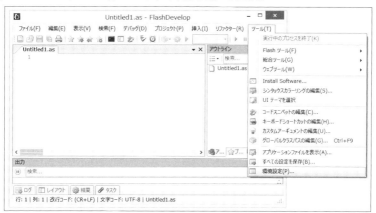

[5]左のリストから「FlashViewer」を選択。

※後から移動すると再設定が必要になるため、長期間置ける場所にしておくこと。

[6]「External Player Path」の項目の「...」ボタンを押す。

[7] 先ほどダウンロードしたデバッグプレイヤーを選択。

[8]「閉じる」ボタンを押して設定を終了する。

[2-6] Flashのみの作業

 　　　　　　　出力パネル設定

コンソール画面にtraceメッセージなどを出力する設定を行ないます。

[**1**]compile.hxmlを開き、以下の2行を追加する。

```
-debug
-D fdb
```

[**2**]メニューの「プロジェクト」から、「プロジェクト設定」を選択。

[**3**]コンパイラー設定のタブを開く。

第2章
開発環境の準備

[4]「Enable Debugger」という項目の右側の「False」を「True」に変える。

[5] ビルド設定を「デバッグ」にする※。

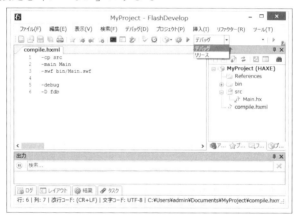

[6] 再度、「Ctrl+Enter」でコンパイルすると、出力パネルに「Test.hx:3:Haxe is great!」と表示される。

※書き出しSWFがデバッグかどうかはhxmlの「-debug」があるかどうかで決まる。これは、コンパイル後SWF呼び出し時にデバッガーを起動するかの設定になる。

第3章 基本構文

本章では、Haxeの基本的な構文について解説します。
多くの概念については、JavaやC#などメジャーな静的型付き言語と同じものであり、それらについてはインターネットや書籍に解説があふれているため、深くは掘り下げません。
また、より応用的な構文については、第7章で紹介します。

3-1 初期状態

try.haxe.orgを使う場合でも、FlashDevelopを使う場合でも、本書の説明通りに進めていくと、コードの初期状態は以下のようになります。

```haxe
class Test {
    static function main () {
        trace ("Haxe is great!");
    }
}
```

以後はこのコードを元に、基本的な文法を説明していきます。コードの記述箇所も重要になります。

3-2 出力

「trace ("メッセージ")」と記述することで、メッセージを出力できます。
出力される箇所は環境によって異なります。
たとえば、JavaScriptではブラウザのコンソール画面、Flashでは画面上もしくはデバッグ出力に表示されます[※]。
また、try.haxe.orgを使っている場合は、画面右にあるOutput欄にも表示されます。

※ Flashでtraceがどこに表示されるかは、hxmlなどのコンパイラオプションによって変化する。

表示形式もコードや環境の状態などによって微妙に違い、「出力時間」「ファイル名」「行番号」などの情報がメッセージの頭に付きます。

【try.haxe.orgでの、JavaScript出力の場合】
```
10:07:44:933    Haxe is great!
```

【try.haxe.orgでの、Flash出力の場合】
```
Test.hx:3: Haxe is great!
```

traceは手軽で、ゲームやアプリケーションの動作確認にとても役に立ちます。

最初のうちは、処理がちゃんと動いているか分からなくなったら、とりあえずtraceを書くようにしましょう※。

3-3 コメント

一般的な、「1行コメント」と「複数行コメント」が使用可能です。

コメントはコードには影響を及ぼさないため、どこに記述しても問題ありません。

```
// 1行コメント
/*
複数行
コメント
*/
```

コードの中にはなるべくコメントを残し、後で見やすいようにしましょう。

※慣れてきたら、ブレークポイントなどの、より効率的なデバッグの方法を使うとよい。

3-4 変数

変数の宣言は「var 変数名 = 値;」という記法になります。

```
class Test {
    static function main() {
        var count = 1;
        var message = "こんにちは";
    }
}
```

traceを使って、変数を出力することができます。

```
class Test {
    static function main() {
        var count = 1;
        var message = "こんにちは";
        trace(message); // こんにちはと表示される。
    }
}
```

■ 型を記述する

型は非常に重要な要素です。Haxe以外にも多くの言語のが型（もしくはそれに類する機能）を持っているのは、型が役に立つからです。

型は速度やメモリの効率化のためだけにあると思われがちですが、それは間違いです。

実際、HaxeがJavaScriptなどに変換される際は、型情報を失います。それでも記述するときに型を持っているのは、意味があるからです。

型が最も威力を発揮するのは、複雑なクラスや継承を使う大きなプロジェクトです。特にゲームは非常に複雑なため、型は強力な武器となります。

しかし、このことを本当に実感するには実際に大きなプロジェクトを用意しなければいけないので、納得するには時間がかかるかもしれません。

型によって出るエラーは、大規模な開発を助けてくれます。しかし、型があることによってエラーが増えることが、はじめは鬱陶しく感じるかもしれません。

しかし、大きな仕事を一緒にするのであれば、あなたの小さなミスにも気づいて指摘をしてくれる相棒を選ぶべきです。

型を記述する場合は、「var 変数名:型 = 値;」という記法になります。
```
var name:String = "なまえ";
var count:Int = 1;
```

■ 型推論

Haxeの型推論機能のおかげで、型が明らかな場合は省略できます。以下は先ほどの型の記述のコードと同じ意味を持ちます。
```
var name = "なまえ";
var count = 1;
```

値を省略し、「var 変数名:型;」と宣言だけを行なうこともできますが、なるべく初期の値を入れておくほうがミスが少なくなります。

初期化されていない変数はエラーになることがあります。

型が違う値を変数に代入しようとすると、エラーになります。
```
var name = "なまえ"; // 変数がStringに推論されている
var count = 1;    // 変数がIntに推論されている
name = count;    // ここで型エラーが発生するため、実行できない
```

コンパイラがどの型に推論しているかを調べるには「$type(変数)」という記述を使います。

表示はコンソールではなく、コンパイル時の警告として出力されます。
```
var name = "なまえ";
$type(name);   // String
var count = 1;
$type(count);  // Int
```

[3-4] 変 数

■ 型の種類

一般的に使う型には、以下のようなものがあります。

型	意 味
Int	整数
Float	浮動小数点数
String	文字列
Bool	真偽値
Array	配列
Map	連想配列

■ 型パラメータ

型のあとに「<>」という記号を加えて、内容をさらに指定する場合があります。この記述方法は「型パラメータ」や「Generics」と呼ばれるものです。

●Array（配列）

型パラメータを最もよく使うのは、「配列」です。

Arrayでは「Array<Int>」のように記述して、Int型のみが入る配列を表現します。

```
var sampleArray:Array<Int> = [1, 2];    // Intだけが入る配列
sampleArray[2] = "A";   // 文字列を入れようとするとエラー
```

型パラメータを省略しても、型推論により、何らかの型が割り当てられます。「何でも入る配列」にはならないので注意が必要です。

たとえば、以下のコードはエラーになります。

```
var sampleArray = [1, 2]; // 型パラメータはないが、この時点で、Array<Int>と推論されている
sampleArray[2] = "A";    // 文字列を入れようとするとエラー
```

宣言時に複数の型を入れてもエラーです。

```
var sampleArray = [1, "A"]; // ここでエラー
```

もし、何でも入る配列を用意したい場合は、「Array<Dynamic>」と明

第3章 基本構文

示する必要があります。
```
var sampleArray:Array<Dynamic> = [1, "A"]; // エラーは起きない
```

●Map（連想配列）

Mapは2つの型パラメータをもち、それぞれ「キー」と「値の型」を指定できます。
```
var sampleMap:Map<String, Int> = new Map ();
 // "A"をキーにして、3を登録する
sampleMap ["three"] = 3;
 // "A"がキーになっている値を呼び出す
trace (sampleMap ["three"]);   // 3と表示される
```

Mapは、「[キー => 値, キー => 値]」という記法で、初期化することができます。
```
var sampleMap:Map<String, Int> = ["one"=>1, "two"=>2, "three"=>3];
trace (sampleMap ["three"]);   // 3と表示される
```

Mapは上手く使うことで値へのアクセスが速くなりますが、メモリ使用が大きくなることがあるので使い方に注意しましょう。

●その他のクラスでの型パラメータ

他にも、型パラメータを使うクラスはいろいろあります。さらに自分で作ったクラスでも使うことができます。
こちらについては、「型パラメータ」（p.144）で詳しく解説します。

■ 型エラーを回避する

型によるエラーの発見はとても便利ですが、回避したい場合もあります。
型エラーを回避したいという状況そのものは、そもそも設計が悪い可能性が非常に高いですが、Haxeに慣れないうちや締め切りが近いのであれば、四の五の言っている暇がないかもしれません。

●明示的な変換

一部の型はHaxeに用意された機能で明示的な変換ができます。

[3-4] 変 数

```
// 数字などを文字列(String)に変換する
var message:String = Std.string(1);
// 文字列(String)を整数(Int)に変換する
var count:Int = Std.parseInt("3");
// 文字列(String)を浮動小数点数(Float)に変換する
var length:Float = Std.parseFloat("3.14");
// 浮動小数点数をIntに変換する(切り捨て)
var score:Int = Std.int(10.5);
```

また、整数(Int)から浮動小数点数(Float)には、自動的に変換されます[※]。

```
var count:Int = 3;
var length:Float = count;    // 型が違うが、特にエラーは出ない。
```

●Dynamic

何でも入る型として、Dynamicが用意されています。

```
var x:Dynamic = 10; // 整数を入れる
x = "じゅう";       // 同じ変数に文字列を入れてもエラーにならない
```

型パラメータにDynamicを入れることもできます。1つの配列に複数の型を持たせたい場合は、以下のようにします。

```
var array:Array<Dynamic> = [1, "A", 3.14]; // 複数の型を混ぜる
```

Dynamicの使用は最後の手段です。Dynamicを使わざるを得ない状況は、Haxe以外のプログラムと接続する場合か、速度上やむを得ない場合かで、そうでなければ設計が破綻していないかを疑ったほうがいいでしょう。

とはいえ、完璧な設計を作るよりも、とにかく動くことが大切な場合もありますが…。

※「暗黙的な型変換」と言う。

16進数表記

色指定などに使う「16進数表記」は、先頭に「0x」をつけることで指定できます。

```
var color:Int = 0xFF8800; // オレンジ色
```

3-5 構造体

Haxeでは「構造体」を使うことができます。

```
var saveData = {userName:"ああああ", level:10};
```

構造体はJSONをパースしたデータなどを扱うときや、関数が複数の値を返すなどの一時的な利用のときにも便利です。

また、構造体はJavaScript環境でクラスを使うよりも、動作が高速になる効果をもちます。ただし、ActionScript3などのクラスベースの環境では、逆に動作速度が低下する場合があります。

●構造体に対する型推論

構造体の型は、「変数:{値:値の型}」というように指定します。構造体自体に対しても、型が自動的に推論されます。

次の2つのコードは、同じ意味になります。

```
var saveData = {userName:"ああああ", level:10};
```

```
var saveData:{userName:String, level:Int} = {userName:"ああああ", level:10};
```

このように、保持する値の種類まで含めて型が自動的に推論されているため、値を後から追加しようとするとエラーが出ます。タイプミスで、予期しない変数を間違えて追加してしまうことを防ぐには便利です。

```
var saveData = {userName:"ああああ", level:10};
saveData.stage = 2; // ここでエラーが出る
```

しかし、後から値を追加したい場合もあります。これを回避する方法は2つあります。

1つは、最初から値を追加しておくことです。
```
var saveData = {userName:"ああああ", level:10, stage:0};
saveData.stage = 2; // エラーが出ない
```

もう1つは、明示的にDynamic型を変数に指定しておくことです。
```
var saveData:Dynamic = {userName:"ああああ", level:10};
saveData.stage = 2; // エラーが出ない
```

エディタの補完サポートが受けられなくなるため、できればDynamicの使用は避けたいところです。

3-6　typedef

「typedef 別名 = 型」と記述すると、型に別名を付けることができます。
```
typedef Name = String;
```

型に別名をつけることで、コードが読みやすくなります。ただし、実体が分かりにくくなることがあるため、乱用はしないようにしましょう。

●構造体への利用

typedefは構造体に利用することもできます。構造体の型は長くなりやすいので、typedefを積極的に使うのがいいでしょう。

構造体の型定義の方法は、次の2種類があります。
```
// 構造体らしい定義
typedef SaveData = {
    userName:String,
    level:Int,
}
```

```haxe
// クラス風定義
typedef SaveData = {
    var userName:String;
    var level:Int;
}
```

　以下は、どちらもuserNameと、levelという2つの変数を持つ型という意味になります。

```haxe
// 構造体を入れる変数に型指定できる
var saveData:SaveData = {userName:"ああああ", level:10};
// 型安全に変数にアクセスできる
trace (saveData.level); // 10
// 存在しない値にアクセスするとちゃんとエラーが出る
// trace (saveData.playerName); // エラー
```

3-7　演算子と制御文

　一般的な言語の「演算子」と「制御文」が使えます。for文だけ書き方が特殊なので気をつけてください。

基本的な演算子

　一般的な四則演算が利用できます。

```haxe
trace (3 + 2); // 5
trace (3 - 2); // 1
trace (3 * 2); // 6
trace (3 / 2); // 1.5
trace (3 % 2); // 1
```

　この他、インクリメント「++」、デクリメント「--」、代入演算子「+=」「-=」「*=」「/=」「%=」などが使用可能です。

```haxe
var num:Int = 3;
trace (num++);  // 3
trace (num);    // 4
trace (num--);  // 4
trace (num);    // 3
```

[3-7] 演算子と制御文

```
trace (num += 2); // 5
trace (num -= 2); // 3
trace (num *= 2); // 6
trace (num /= 2); // 3
trace (num %= 2); // 1
```

文字列の連結は「+」で行ないます。
```
trace ("Hello" + "World"); // 「HelloWorld」と表示される
```

三項演算子も使用可能です。
三項演算子は、if文を使った記法もあります。if文の項目も参考にしてください。
```
var check:Bool = true;
var result:Int = check ? 0 : 1;
```

■ 比較演算

一般的な比較演算が使用可能です。値の関係性から、trueかfalseのBool値を返します。

演算子	意 味
==	等しい
!=	等しくない
>	大なり
<	小なり
>=	以上
<=	以下

```
var numA:Int = 3;
var numB:Int = 5;
trace (numA == numB);  // false
trace (numA != numB);  // true
trace (numA > numB);   // false
trace (numA < numB);   // true
trace (numA >= numB);  // false
trace (numA <= numB);  // true
```

第3章
基本構文

論理演算

論理演算は2つの真偽値を組み合わせて結果を得るものです。Boolean演算とも呼ばれます。

演算子	意味
&&	AND（論理積）
||	OR（論理和）
!	NOT（否定）

●AND

2つのBool値がどちらもtrueのときに、trueを返します。それ以外の場合はfalseになります。

```
trace(true && true);    // true
trace(true && false);   // false
trace(false && true);   // false
trace(false && false);  // false
```

●OR

2つのBool値のうち、両方もしくはどちらかがtrueのときに、trueを返します。両方がfalseのときだけ、falseになります。

```
trace(true || true);    // true
trace(true || false);   // true
trace(false || true);   // true
trace(false || false);  // false
```

●NOT

値の頭に付けることでBool値を反転させます。変数の値や、式の結果を反転するときに使います。

```
trace(!true);   // false
trace(!false);  // true
```

[3-7] 演算子と制御文

■ if文

基本的な形は他の言語※と同じです。

```
var count:Int = 0;
if (count == 1) {
    trace ("one");
} else if (count == 0) {
    trace ("zero");
} else {
    trace ("other");
}
```

ただし、Haxeのif文は厳格で、条件式はBoolに限られます。

```
var count:Int = 0;
if (count) { // Intを直接if文に入れることはできないので、ここでエラーとなる
}
```

if文は値を返すことができ、三項演算子のように使えます。多くの環境で実行速度も三項演算子と同程度になります。

三項演算子よりも記述が長くなりますが、見分けがつきやすくなり、ミスが減ります。

```
var check:Bool = true;
var result:Int = if (check) { 0; } else { 1; };
```

以下のように一部の記述を省略することもできます。

```
var check:Bool = true;
var result:Int = if (check) 0 else 1;
```

■ for文

Haxeのfor文は一般的なものと違い、「for(カウンター変数名 in 開始数値...終了数値)」となります。終了数値は含まれないことに注意してください。

カウンター変数（次の例では「i」）には、「var」の宣言や型指定は書きません。

※ここでは、Java、C、JavaScript、ActionScriptなどを想定。

第3章
基本構文

```
for (i in 0...10) {
    trace (i); // 0から9までの数字が表示される
}
```

このfor文は、JavaScriptでの「for(var i = 0; i <= 10; i++)」と同じことになります。

Haxeでのforを使った基本的な配列のループは、以下のようになります。
```
var messageList:Array<String> = ["ABC", "あいう", "アイウ"];
for (i in 0...messageList.length) {
    trace (messageList [i]); // 「ABC」「あいう」「アイウ」と順番に表示される
}
```

カウンター変数は、forブロックの外では使えず、ループ中に編集することもできません。これはカウンター変数が変更されることでバグが起きるのを防ぐためです。

数値が減ったり、一度に2ずつ増えるといったループは、for文ではできません。その場合は、別の変数を用意するか、while文を利用します。

他の言語と同様に、「break;」「continue;」が使用可能です。

配列内の値が直接欲しい場合は以下のようになります。
```
var messageList:Array<String> = ["ABC", "あいう", "アイウ"];
for (message in messageList) {
    trace (message); // 「ABC」「あいう」「アイウ」と順番に表示される
}
```

配列以外にも、Mapなどの中身をループすることができます。

注意点として、Mapは順序を持たないため、ループは環境によって順番が変化することがあります。
```
var sampleMap:Map<String, Int> = ["ten"=>10, "eleven"=>11, "twelve"=>12];
for (valiue in sampleMap) {
    trace (valiue); // 「10」「11」「12」と表示される。順番は保証されない。
}
```

[3-7] 演算子と制御文

　Mapのキーを取り出したい場合は、「keys()」関数を使います。
```
var sampleMap:Map<String, Int> = ["ten"=>10, "eleven"=>11, "twelve"=>12];
for (valiue in sampleMap.keys ()) {
    trace(valiue); // 「ten」「eleven」「twelve」と表示される。順番は保証されない。
}
```

■ while文

　while文は「while(条件式){ループしたい処理}」となります。条件式はBool値のみです。
```
var i:Int = 0;
while (i < 10) {
    trace(i); // 0から9までの数字が表示される
    i++;
}
```

　do while文もあります。条件チェックよりも先に処理が行なわれます。
```
var i = 0;
do {
    trace(i); // 0から9までの数字が表示される
    i++;
} while (i < 10);
```

■ 例外のthrow

　「throw」を使って例外（エラー）を投げることができます。
```
throw "エラーメッセージ";
```

　例外が投げられると、処理が止まり、何らかの方法でエラーが通知されます。エラーが通知される方法は、Haxeが書き出された言語と環境によって違います。
　JavaScriptでは、コンソール画面に表示されます。
　Flashではデバッグプレイヤーを使っているときに限り、エラーダイアログが表示されます。
　また、FlashDevelopを含む一部のエディタでは、エラーが発生した段

階で、その発生箇所や、呼び出された関数、変数の情報を表示する機能があります。

Haxeでは、文字列以外の値も投げることができます。多くの情報を持ったエラー用のインスタンスを投げることで、エラーの状況把握に役立つことがあります。

■ 例外のcatch

例外を受け取る処理を、try catch文で記述することができます。

```
try {
    // この関数の中で起きるエラーに備える
    sampleMethod ();
} catch (error:Dynamic) {
    // エラーの処理をする
}
```

エラーの型を指定することで、型によって処理を変えることができます。

```
try {
    // この関数の中で起きるエラーに備える
    sampleMethod ();
} catch (error:String) {
    // 文字列エラーの処理をする
} catch (error:Dynamic) {
    // その他のエラーの処理をする
}
```

エラーによる警告表示を止めるためだけにtry catch文を書くのは避けてください。エラーはあなたの信頼できる相棒です。

見かけだけ取り繕うのではなく、エラーに対する正しい対処を記述するように心がけてください。起きてはいけないエラーはちゃんと元を断つようにしましょう。

switch文

switch文も他の言語と比べて少し特殊です。

他の多くの言語、たとえばJavaScriptなどはswitch文は以下のようになります。

```
// JavaScript
var num = 1;
switch (num) {
    case 0 :
        trace("zero");
        break;
    case 1 :
    case 2 :
        trace("one or two");
        break;
    default :
        trace("other");
}
```

これに対して、Haxeのswitch文は次のようになります。

```
// Haxe
var num:Int = 1;
switch (num) {
    case 0 :
        trace("zero");
    case 1, 2 :
        trace("one or two");
    default :
        trace("other");
}
```

随分とスッキリしていますね。Haxeのswitch文では「break;」がなく、次のcase文では必ず処理は終了します。複数の値に同じ処理を行ないたい場合は、「,」（カンマ）で区切って値を複数書きます。

第3章 基本構文

同じ処理をif文で書くと、以下のようになります。

```
var num:Int = 1;
if (num == 0) {
    trace ("zero");
} else if (num == 1 || num == 2) {
    trace ("one or two");
} else {
    trace ("other");
}
```

一般的に、if文よりもswitch文のほうが処理が速くなりますが、複雑な処理に対して無理やりswitchを使うことはあまり好ましくありません。

■ enumとの組み合わせ

switch文は、後に説明するenumと組み合わせて使用する、特殊な用法があります。詳しくは、「switch」との連携 (p.148) で解説します。

厳格な構文のメリット

Haxeの文法を見ていると、JavaScriptやActionScriptでは許されていた機能や、使えていた文法がいくつか使えなくなっていることに気づきます。

●if文に真偽値しか入れられない

たとえば、Haxeではif文の条件式に、結果がtrueやfalseになる値しか入れることができません。

```
//if (count) { // これだとエラー
if (count != 0) { // こうしなければいけない
}
```

他の言語で、変数の中身がnullかどうかの判定にifを使っている人も多いと思いますが、これもHaxeではできません。

```
//if (myInstance) { // これだとエラー
if (myInstance != null) { // こうしなければいけない
}
```

 面倒だと感じるかもしれませんが、これによって、たとえば以下のような書き間違いを防ぐことができます。

```
if (count = 1) { // 「count==1」と書こうとしてミスをした
}
```

 「==」を「=」と間違ってしまうと、代入した値が判定の対象となるため、他言語ではこの場合、if文の判定が必ず成功扱いになってしまいます。しかし、Haxeではここでエラーが発生するため、ミスに気づくことができます。

 なお、他の言語でたまに見かける「while(1)」という表記も「while(true)」としなければいけません。

●switch文で複雑なフォールスルーが書けない

 switch文のbreak;は、書き忘れたり、for文のbreak;と混ざったりと、昔から大量のバグを生み出してきたことで有名ですが、Haxeではcase文の複数指定に対応し、switch文のbreak;を廃止することで、その危険性を避けています。
 これにより、複雑なフォールスルー（次のcase文へ処理を継続すること）を利用した処理は書くことができなくなりましたが、そういったものはif文や関数で代用できますし、そもそも複雑なフォールスルーは、慣れていない人の誤読を産むため、好ましくないという側面があります。

●配列の型パラメータが、自動的にDynamicにならない

 Arrayの型を省略すると1つの型が入る配列に推論されます。

```
var array = [1, 2, 3]; // Array<Int>に推論される
```

しかし、型を混ぜた場合はこのようになりません。

```haxe
var array = [1, "A", 3.14]; // 型を混ぜるとエラーになる

var array:Array<Dynamic> = [1, "A", 3.14]; // これならOK
```

このように、明示的に「何でも入る型ですよ」と、指定してあげなければいけません。

面倒かもしれませんが、そもそも配列に複数の型を混ぜるということはあまりありませんし、避けるべきです。それよりも、意図せず型を混ぜてしまった場合に気づけないことのほうが、リスクがあります。

Haxeはこのように、人間のうっかりミスをなるべく減らすように設計されています。

3-8 スコープ

「{ }」で囲まれた範囲を「ブロック」と呼びます。

変数は宣言されたブロックの外では参照できません。このような変数が参照できる範囲のことを「スコープ」と言います。

たとえば、以下のようなコードは、エラーになります。

```haxe
var count:Int = 0;
if (count == 0) {
    var name:String = "ゼロ";
}
trace (count); // countは参照できるが…
trace (name); // nameが見つからないのでエラー
```

そのため、次のように修正しなければいけません。

```haxe
var count:Int = 0;
var name:String = ""; // ここで宣言しておく
```

```
if (count == 0) {
   name = "ゼロ";
}
trace (count);
trace (name);  // 問題なく動作する
```

　面倒に思えるかもしれませんが、変数の有効な範囲をしっかりと決めることができるため、ミスを減らすことが可能です。ifなどの構文を使わずに、単に「{ }」だけで囲んでブロックを作ることもできます。

3-9　文字列内の変数展開

　「'」（シングルクォーテーション）で文字列を囲むと、「変数展開」が利用できます。変数の確認用出力や、HTMLなどを出力したいときに便利です。

```
var count:Int = 1;
trace ('ただいま$count回目');  // 「ただいま1回目」と表示される。
```

　変数の区切りが曖昧だったり、処理そのものを入れたい場合は、「{ }」を使います。

```
var count:Int = 1;
trace ('次は${count + 1}回目');  // 「次は2回目」と表示される。
```

　「'」を使いつつ、$を表示したい場合は、2回重ねます。

```
trace ('$$');  // 「$」と表示される。
```

　PHPなどの言語とは、「'」と、「"」（ダブルクオーテーション）の役割が逆になるので気をつけてください。

3-10 正規表現

「~/正規表現/フラグ」とすることで、「正規表現」を記述できます。

ActionScript3や、JavaScriptの表記と非常に似ていますが、最初にチルダが入ることに気をつけてください。

```
var eReg:EReg = ~/haxe/i;
```

以下のように表記しても同じです。

```
var eReg:EReg = new EReg("haxe", "i");
```

ERegの各種関数を使用することで、マッチング、置き換え、分割などが使用可能です。

フラグは以下のものに対応しています。

i	大文字と小文字を区別しない。
g	置き換えや分割関数の対象を、全体にする。
m	マルチラインマッチング（^と$が行の先頭と末尾を表わすようになる）。
s	ドットが改行にもマッチするようになる(Neko、C++、PHP、Javaのみ対応)。
u	utf8 マッチングを使用する (Neko、C++のみ対応)。

Haxeでの正規表現の処理は、それぞれの出力環境に依存するため、出力設定によっては細かい部分で挙動が違う可能性があることに気をつけてください。

3-11 クラス

「クラス」は、オブジェクト指向言語でよく登場する概念です。

クラスのことを完全に理解するのは難しいですが、まずは「変数や動作がまとまったもの」だと思っておけば問題ないでしょう。

クラスに対する、歴史的経緯や細かい概念については、すでに優れた説明がインターネット上や書籍にあるので、本書での説明は行ないません。

多くの場合クラスは「設計図」と説明されます。対して、クラスから生成される実体を「インスタンス」と呼びます。

まずは、いちばん簡単な例を見てみましょう。

初期状態のコードに、クラスの記述を付け加えました。

【リスト1】クラスの基本

```
class Test {
    static function main () {
        // ここで下のSampleClassインスタンスを生成する
        var sampleInstance:SampleClass = new SampleClass ();
        // traceで確認する
        trace (sampleInstance);
    }
}
// ここからクラス
class SampleClass {
    public function new () {
    }
}
```

クラスを持つ、JavaやActionScript3などの言語と、ほぼ同じ構造をしています。Haxeでは、クラス名の1文字目が大文字になります。

Haxeでは1つのファイルに複数のクラスを記述することができます。try.haxe.orgを使う場合も、複数のクラスを書くことができます。

複数のクラスを1つのファイルにまとめることは、短くて似たようなクラスを整理するのに役立ちます。

※リスト1～3は、工学社のホームページ（http://www.kohgakusha.co.jp/）からダウンロードできます。

また、この例から分かるように、クラスの記述順序と呼び出し箇所は、どのような順序でもかまいません。定義された順番に関わらず、利用できます。

しかし、分かりやすさのために、基本的には最初の1つのクラスは、ファイル名と同じものを用意することを推奨します。

コンストラクタ

リスト1-1のようになっている部分を、「コンストラクタ」と言います。インスタンスを作るときに必ず実行される処理を書きます。

省略すると、インスタンスが作れなくなるので[※]、処理がなくても必ず書くようにします。

ActionScript3やJavaなどでは、クラスの名前を書いていた部分が、Haxeでは「new」となります。

[リスト1-1]クラスの基本(11〜12行目)

```
public function new () {
}
```

コンストラクタのあるクラスのインスタンスを作る場合は「new クラス名();」と記述します。そのまま変数に代入するのが一般的です。

[リスト1-2]クラスの基本(4行目)

```
var sampleInstance:SampleClass = new SampleClass ();
```

[※]継承元をもつ場合は、コンストラクタの省略が可能。また、コンストラクタのないクラスでも、Type.createEmptyInstance を利用することで、強制的に生成できる。

[3-11] クラス

■ import

クラスをフォルダ分けした場合、これを「パッケージ」と呼びます。

他のパッケージ（フォルダ）にあるクラスを使う場合、あるいはHaxeに用意されているクラスを利用する場合、パッケージ名から「.」で区切って使用します。

たとえば、haxeにはTimerという、一定時間で処理を行なうためのクラスがありますが、「haxe」というパッケージに入っているので、以下のようにします。

```
class Test {
    static function main () {
        var timer:haxe.Timer = new haxe.Timer (1000);
    }
}
```

しかし、これでは面倒で見づらくなるため、「import」を使って、どのパッケージのクラスか指定することができます。

```
import haxe.Timer;   // ここであらかじめパッケージを指定
class Test {
    static function main () {
        var timer:Timer = new Timer (1000);
    }
}
```

クラスが見つからない（Class not found）といったエラーが出る場合は、importがちゃんと用意されているか確かめましょう。

「import haxe.*;」といったようなワイルドカードを利用した記法も使えますが、どこでクラスが使われているかのチェックに問題が起きるため、安易に使い過ぎないようにしましょう。

importを書くことが面倒だと感じるかもしれませんが、FlashDevelopを始めとしたほとんどのエディタには、自動的にimportを補完してくれる機能があるため、自分で書かなければいけない場合はあまりありません。

第3章 基本構文

3-12 関　数

「関数」の宣言は、「function 関数名 (引数名:引数の型):返り値の型{}」という記法になります。

リスト1に関数を書き足すと、リスト2のようになります。

[リスト2] 関数の例

```
class Test {
    static function main () {
        var sampleInstance:SampleClass = new SampleClass ();
        sampleInstance.sampleMethod ();   // ここで関数を使う
    }
}
class SampleClass {
    public function new () {
    }
    // ここで関数を定義する
    public function sampleMethod ():Void {
        trace ("関数が実行されました。");
    }
}
```

これで、「関数が実行されました。」と表示されます。

■ 引数と返り値

引数と返り値は、他の言語とほぼ同じですが、これにも型があります。

```
// 1つの浮動小数点数を得て、それに"点"という文字を付け加えた文字列を返す関数
public function textPoint (point:Float):String {
    return point + "点";
}
// 2つの整数を引数に取り、数値を返すsumという名前の関数
public function sum (a:Int, b:Int):Int {
    return a + b;
}
```

関数の返り値がないことを示すには、「Void」を使います。

[3-12] 関　数

```
function testMethod ():Void {
    trace ("処理は行なうが、何も返さない関数です");
}
```

　省略可能な引数は「引数名=デフォルト値」とするか、「?引数名」とすることで指定できます。クエスチョンマークを使った場合、その値はnullになります。

```
// 2つの引数どちらも省略可能
function testMethod (count:Int = 0, ?message:String):Void {
    trace (count);
    trace (message);
}
```

　Haxeにはオーバーロード（多重定義）がありません。単純なオーバーロードは必ず必要なものではないので、別名の関数を作るなどで代用します。

　可変長引数もありません。可変長引数は、引数に配列を使うことで代用できます。

　なお、クラスの持つ関数のことを「メソッド」と呼ぶことがあります。メソッドと関数は厳密に言うと違う定義なのですが、2つは混同しやすく、説明を分かりにくくするため、本書では「関数」という呼び方で統一します。

どうしてオーバーロードがないのか？

　Haxeにオーバーロードがないことについて不満に思う人もいるようです。

　Haxeにオーバーロードがない理由はいくつか考えられますが、1つは型推論のためです。オーバーロードが存在することで、関数を跨いだ強力な型推論ができなくなることがあります。

　もう1つは、バグの防止のためです。

第3章 基本構文

　リファクタリングの際に、ある機能の引数を修正しても、呼び出し側の引数に偶然一致するオーバーロードがあったために、エラーが起きず修正漏れを発生させることなどがあります。多くの場合は、別名の関数を作るほうが安全です。
　また、オーバーロードは、便利な機能を作った気分になれるため、プログラム初心者がよく量産してしまい、そのまま使用されないことが多いという問題もあります。

　複数の種類の引数を使いたい場合、enumの引数を使うことで代用できます「引数付きenum」(p.149)。
　外部ライブラリを使うときは、オーバーロードを利用することができます「@:overload」(p.106)。
　演算子をオーバーロードする場合は、abstractという機能を使いますが、複雑なので、本書では紹介までに留めます。

■ 関数を変数に入れる

　関数を変数などに入れることができます。「()」をつけなければ、変数として扱えます。

[リスト3]関数を変数に入れる例

```haxe
// 準備
class SampleClass {
    public function new () {
    }
    // ここで関数を定義する
    public function sampleMethod ():String {
        return "関数が実行されました。";
    }
}
// 実行
class Test {
    static function main () {
        var sampleInstance:SampleClass = new SampleClass ();
```

```
            var innerMethod = sampleInstance.sampleMethod;
                                  // ここで変数に関数を入れている
            trace(innerMethod()); // 変数に入れた関数を実行する
    }
}
```

　関数を変数として扱える分かりやすい利点は、コールバックの実装です。あらかじめ関数を渡しておいて、必要なタイミングで呼び出してもらう、という処理は、さまざまな場所で利用できます。

■　　　　　　　　　関数の型

　関数を変数に入れる場合、この場合での変数の型は「引数の型 -> 帰り値の型」となります。

　たとえば、以下の関数は「Float -> String」となります。
```
public function textPoint(point:Float):String // 型は「Float -> String」
```

　引数がない場合は、Voidとなります。
```
public function sampleMethod():String // 型は「Void -> String」
```

　リスト3で、4行目の変数に型を付けるなら、次のようになります。
```
var innerMethod:Void -> String = sampleInstance.sampleMethod; // ここで変数に関数を入れている
```

　引数が複数ある場合は、それぞれ「->」で区切ります。直感に反するかもしれませんが、最後の型のみが帰り値の型です。
```
public function sum(a:Int, b:Int):Int // 型は「Int -> Int -> Int」
```

　関数の型もかなり高度に推論されるので、型を省略することができます。
　特に関数の変数の型は省略するメリットが大きくなります。詳細については、p.94のコラムを参照してください。

関数の型が引数の情報まで持つ言語では、関数のリファクタリングがより安全になります。コールバック関数などの引数を後から変えても、修正すべき箇所がすぐにエラーで分かるからです。

関数を処理の中で直接記述する、無名関数や、その際のクロージャーなどについては、「**無名関数**」（p.145）で解説します。

3-13 メンバ・ローカル

クラスの持つ変数などを「メンバ」と呼ぶのに対して、関数内部などで使用される変数を「ローカル変数」、あるいは「局所変数」と呼びます。

ローカル変数は、スコープの項目で説明したように、ブロックの外側から参照されないという特徴があるほか、一部の環境ではメンバ変数よりもアクセス速度が高速化されるなどのメリットがあります。

```
class SampleClass {
    // メンバ変数
    public var memberVariable:Int = 0;

    // コンストラクタ関数
    public function new () {
        // ローカル変数
        var localVariable:Int = 0;
    }

    // メンバ関数
    public function sampleMethod ():Void {
        // ローカル変数(同じ名前でもブロックが違うので問題ない)
        var localVariable:Int = 0;
    }
}
```

3-14 アクセス修飾子

すでに、コードの例の中に「public」という記述が何度か出てきていますが、これは「アクセス修飾子」というものになります。Haxeでは、アクセス修飾子としては「public」と「private」しかありません。

■ public

クラスの外からアクセスできる変数や関数に使います。

publicがなければクラス同士は連携できませんが、何でもかんでもpublicにしてしまうと、逆にどれを使っていいか分からなくなりますし、不必要な書き換えなどでコードも難解になり、バグも多くなってしまいます。適度にpublicにするようにしましょう。

■ private

クラスの外からアクセスできない変数や関数に使います。

Haxeでは、変数や関数に対してアクセス修飾子を省略すると、すべてprivateとして扱われます。

privateに指定された変数や関数は、同じクラスから、もしくは継承したクラスからアクセスできます（継承については、p.91を参照）。

Haxeには他の言語にはあるprotectedがありませんが、privateの機能はほとんど他言語（たとえば、ActionScript）のprotectedと同じものになります。

逆に、他言語で言うところのprivateは存在しないことになります。多少不安に思うかもしれませんが、実際に使ってみるとそれほど困ることはありません。

3-15 static

アクセスを制御する以外にも、修飾子があります。

「static」を使うと、インスタンスではなく、クラスの持つ変数や関数を作ることができます。

これらを「静的変数・静的関数」と呼んだり「クラス変数・クラス関数」と呼んだりします。前者が多い気がしますが、後者のほうが意味が分かりやすいです。

呼び出すときは「クラス名.変数名」や「クラス名.関数名()」といった使い方をします。

```
class Test {
    static function main () {
        SampleClass.sampleMethod (); // ここで関数を使う
    }
}
class SampleClass {
    // ここで関数を定義する
    static public function sampleMethod ():Void {
        trace ("関数が実行されました。");
    }
}
```

staticは、インスタンスを作らずに呼び出すことができ、またすべての箇所から呼び出して同じ変数を共有できるため、頻繁に使う人がいます。

しかし、その使い方はそもそもクラスやインスタンスという仕組みのメリットを損なってしまうため、必要なときだけに使うように気をつけましょう。

3-16 inline

Haxeでは、一般的な言語のconstのような、定数を指定する構文がありません。定数の代わりに、インライン展開「inline」を利用します。

```
class Test {
    // 定数
    private static inline var TEST_NUM:Int = 5;
    static function main () {
        trace (TEST_NUM);      // 5と表示される。
        // TEST_NUM = 6;       // この行はエラーとなってしまう。
    }
}
```

inlineを使うと、対象の値が変数の位置に展開された状態でソースコードが書き出され、高速化が行なわれます。

inlineでは、Stringや、Int、Float、Boolなどのいわゆるプリミティブ型の値のみを扱うことができ、Arrayを始めとした、各種クラスのインスタンスは使えません。これらの値は展開してしまうと意図した動作と違う動きをする可能性があるためです。

また、Arrayなどは仮に変数への書き込みを禁止しても、その内容については変更可能になってしまうため、意味が薄いという側面も持ちます。

ただし、inline指定をしていない変数であっても、変数名を大文字で書くことで、慣習的にそれが定数であるということを示す場合があります。

inlineを使わず、変数への書き込みだけを制御したい場合は、「**アクセス制御（Property）**」（p.146）の項目を参照してください。

3-17 this

「this」を利用することで、現在のインスタンスを参照することができます。

HaxeのthisはJavaScriptの（悪名高い）thisとは異なり、常にインスタンス自身を指します。

```haxe
class SampleClass {
    public function new () {
        trace (this);
    }
}
```

また、thisを使って、引数やローカル変数と、メンバ変数の参照を、明示的に切り替えることができます。

```haxe
class SampleClass {
    private var count:Int;
    public function new (count:Int) {
        // 引数のcountの値を、メンバ変数のcountに入れる
        this.count = count;
    }
}
```

3-18 オブジェクト指向プログラミング

オブジェクト指向プログラミング（OOP）というのは、簡単に言ってしまえば、クラスなどの機能をうまく使うテクニックのことです。これについては、非常に数多くあり、時代とともに議論され、洗練されているので、とても本書で網羅するわけにはいきません。

オブジェクト指向プログラミングのテクニックや概念の説明については、さまざまな書籍やインターネットの情報、講演などがあるので、そちらに任せるとして、ここではオブジェクト指向プログラミングでよく使われる構文が、Haxeではどのようになっているかを解説します。

[3-18] オブジェクト指向プログラミング

■　　　　　　継　承

「継承」を使うことで、別のクラスに機能を引き継ぐことができます。

元のクラスを「スーパークラス」、機能を引き継いだクラスを「サブクラス」と呼びます。

Haxeでの継承の使い方は、「class サブクラス名 extends スーパークラス名」となります。このとき、サブクラスのコンストラクタには、「super();」と書く必要があります。

●継承の利用例

継承は、たとえばゲームなら「キャラクター」を継承して「主人公」を作ったり、「アイテム」を継承して「薬草」を作ったり、という使い方をします。

```
// キャラクタークラス
class Character {
    public function new () {
    }
}
// キャラクターを継承して、主人公を作った
class Hero extends Character {
    public function new () {
        super ();
    }
}
```

「キャラクター」を継承して「主人公」を作る

スーパークラスのコンストラクタに引数がある場合は、「super();」に、その引数と同じものを渡します。「super();」は省略できません。

第3章
基本構文

●サブクラスの型

　継承を使うと、サブクラスは、サブクラスとスーパークラスのどちらの型としても扱うことができます。ただし、扱っている型としての関数や変数にしかアクセスできません。

```haxe
// キャラクタークラス
class Character {
    public function new () {
    }
    // キャラクターは歩く機能がある
    public function walk () {
        // ここに歩く処理を書く
    }
}
// キャラクターを継承して、主人公を作った
class Hero extends Character {
    public function new () {
        super ();
    }
    // 主人公は攻撃することが出来る
    public function attack () {
        // ここに攻撃する処理を書く
    }
}

// 実際に使ってみる。
class Test {
    static function main () {
        // キャラクター型の変数に、主人公を入れることが出来る
        var character:Character = new Hero ();
        // キャラクターなので歩く機能が使える
        character.walk ();
        // でも、キャラクターとして扱っているので攻撃機能は使えない。
        // character.attack (); // この行はエラーとなってしまう。
    }
}
```

　わざわざスーパークラスの型、つまりここで言うキャラクター型として扱う理由はいくつかありますが、最も多いパターンは、キャラクターすべてを主人公も含めて一度に処理したいことがあるといった場合でしょう。

[3-18] オブジェクト指向プログラミング

この例では、配列にも Character 型として入れることができます。

■ 型変換(cast)

一度スーパークラスとして扱った型を元に戻すには、「cast」を使います。「cast(対象の変数, 変換したい型);」と書きます。

```
var character:Character = new Hero();
var hero:Hero = cast(character, Hero);
```

当然、変換できないものを変換しようとした場合は、エラーになります。
型変換を多く使うような場合は、設計が間違っていることがあるので、慎重に考えてみましょう。

安全ではない型変換というのもあります。変換したい型を指定しなくてもよくなりますが、なるべくなら使わないようにしましょう。

```
var character:Character = new Hero();
var hero:Hero = cast character;
```

■ オーバーライド(メンバ関数の上書き)

継承したサブクラスでは、スーパークラスのメンバ関数を上書きして動作を変えることができます。これには、「override」というキーワードを使う必要があります。

オーバーライドする関数は、返り値と引数の型や数を、上書き元の関数と同じにする必要があります。

```
// キャラクタークラス
class Character {
    public function new() {
    }
    // キャラクターに名前を表示する機能を持たせる
    public function traceName() {
        trace("私はキャラクターです。");
    }
}
// キャラクターを継承して、主人公を作った
class Hero extends Character {
    public function new() {
```

第3章 基本構文

```
        super ();
    }
    // 名前を表示する機能を上書きする
    override public function traceName () {
        trace ("私は主人公です。");
    }
}
```

型判定

変数に入っているインスタンスの型を判定するには、「Std.is(インスタンス, 判定する型)」を使います。変数の型ではなく、値の型で判別されます。

```
var character:Character = new Character ();
trace (Std.is (character, Character));   // true
trace (Std.is (character, Hero));        // false

var hero:Hero = new Hero ();
trace (Std.is (hero, Character));        // true
trace (Std.is (hero, Hero));             // true
```

型判定も、あまりに多く使うようなら、設計を見直したほうがいいでしょう。

型はどこまで記述するか？

Haxeには型を書かなくても、型を書いたのと同じ状態になる、型推論があります。

そこで気になるのは、どこまで型を書くべきかということです。

型をすべて書くのもいいですが、どうしても煩雑になってしまうこともあります。たとえば、関数の引数にさらに関数を持つ場合などです。

[3-18] オブジェクト指向プログラミング

```
var callback = function (checkMethod:Void -> Bool, mess
age:String):Float {
    return 0;
};
```

　この例では、callbackという変数の型を省略しています。宣言と同時に関数を代入しているので、そちらから型が明らかに分かるからです。
　しかし、もし真面目にcallbackという変数の型を書こうとすると、次のようになってしまいます。

```
var callback:(Void -> Bool) -> String -> Float = functi
on (checkMethod:Void -> Bool, message:String):Float {
    return 0;
};
```

　いくらなんでも長過ぎますね。
　すぐに値が代入されるなどして型が明らかなとき、特に型が複雑なときは型を省略したほうが、むしろコードの見通しが良くなることもあります。

　お勧めのルールとしては、「ローカル変数のみに型の省略を許す」ということです。これなら、他のクラスの担当者が混乱することも少なくなります。
　逆に、public指定をしている関数の引数などを省略してしまうと、他人が利用する際に、わざわざその引数がどう使われているか確認しなければいけないことがあるため、推奨しません。
　他に、inline定数などは型が明らかな場合が多いので、省略してもいいかもしれません。

第3章
基本構文

■ インターフェイス

　Haxeでは、複数のクラスを継承することはできません。しかし、どうしても複数のクラスとして扱いたい場合があります。その際は、「インターフェイス」を使うのが1つの方法になります。

●インターフェイスの利用例
　まず、インターフェイスを定義します。試しに「武器」を定義してみましょう。記述する場所はclassなどと同じ場所です。

```
interface Weapon {
    public function attack ():Void;
}
```

　インターフェイスは関数の中身を持ちません。関数の名前と、型だけを定義します。

　もう1つ、「アイテム」を作ってみます。

```
interface Item {
    public function use ():Void;
}
```

　他のクラスにインターフェイスをimplements（実装）することで、はじめて使うことができます。クラス名の後に「implements インターフェイス名」と書きます。
　implementsは、複数行なうことが可能です。

```
class MagicSword implements Weapon implements Item {
    public function new () {
    }
    // 攻撃処理
    public function attack ():Void {
        trace ("相手を斬りつけた");
    }
    // 使用処理
    public function use ():Void {
        trace ("高く掲げると雷鳴が轟いた");
    }
}
```

[3-18] オブジェクト指向プログラミング

implementsしたインターフェイスを、型として扱うことができます。

```
var magicSword:MagicSword = new MagicSword ();
// 武器としても使える
var weapon:Weapon = magicSword;
weapon.attack ();
// アイテムとしても使える。
var item:Item = magicSword;
item.use ();
```

「アイテム」としても、「武器」としても使える

●インターフェイスを使う意味

インターフェイスは"約束事"のようなものです。インターフェイスをimplementsしたクラスは、インターフェイスが持つのと同じメンバ関数を実装しなければエラーになります。

最初は、何の役に立つかよく分からないと思いますが、大人数や長期間でのプロジェクト、複雑な関係性を持つコードで便利に使えます。

「デザインパターン」などの単語で調べるとインターフェイスを利用した技法が多く見つかるので、興味があれば調べてみてください。

第3章 基本構文

3-19 haxelib

「haxelib」は、開発者の間でコードやライブラリを共有するためのツールです。

Haxeをインストールすることで、コマンドプロンプトから使うことができるようになります。

登録されているプロジェクトは、以下のサイトから確認できます。

< lib.haxe.org >

http://lib.haxe.org/

Haxeがインストールされている状態で、コマンドプロンプトを開き[※1]、「haxelib」に続けてコマンドを入力することで、各機能を利用します。単に「haxelib」と入力して実行することで、使用可能なコマンド一覧を見ることができます。

以下に、よく使うコマンドを紹介します。

■ install

「haxelib install プロジェクト名」と入力することで、対象のライブラリなどをインストールし、Haxeで使えるようになります[※2]。

対象プロジェクトはHaxeをインストールしたフォルダに格納され、コンパイル時には自動的に使われます。

具体的な利用例は、「jQuery」(p.110)、「環境設定」(p.128)、「TileLayer」(p.162)で紹介しています。

■ update

「haxelib update プロジェクト名」と入力することで、対象のプロジェクトを最新のものに更新できます。

※1 Windows8以降の場合、WindowsキーとRキーを同時に押して「ファイル名を指定して実行」ダイアログを開き、「cmd」と入力することで起動する。アプリ画面からコマンドプロンプトという名前のアプリを実行してもよい。
※2 さらにスペースを開けてバージョン番号を入力することで、バージョンを指定してインストールすることもできる。

■ remove

「haxelib remove プロジェクト名」と入力することで、対象のプロジェクトを削除できます。

3-20 untyped

過去のライブラリを利用したり、移植を行なっていると、どうしてもHaxeに対応させることができないコードが出てくることがあります。そのようなとき、「untyped」キーワードを使うと、そのコードの部分だけ、型チェックを無視することができます。

当然ですが、補完機能や型推論などのサポートは得られず、実行時にエラーが出る可能性があるほか、マルチプラットフォームは失われます。できる限り、必要なときだけに使うようにしましょう※。

untypedは記述に癖があるほか、慣れていないとミスの元になります。繰り返しになりますが、必要な場合以外では極力使わないでください。

基本的に、untypedはMagicと呼ばれる特殊な関数と組み合わせて利用します。

■ JavaScriptを直接埋め込む

「__js__」を使って、「untyped __js__ ("JavaScriptのコード")」のように、文字列として埋め込みたいコードを記述します。

```
var d:Dynamic = untyped __js__('alert("JS")');
```

この場合、書き出されるJavaScriptでは、次のようになります。

```
var d = alert("JS");
```

コメントなども、次のようにして強制的に埋め込むことが可能です。

```
untyped __js__("// コメント");
```

型安全やコードの補完が不必要な場合は、このようにして無理矢理、外部ライブラリを呼び出すことも可能ですが、推奨はされません。

※untypedを利用しながらマルチプラットフォームに対応したい場合は、「プラットフォーム言語によって処理を変えるための構文」(p.143)と組み合わせる。

第3章 基本構文

■ ActionScriptを埋め込む

「__global__」を使うと、Haxeに対応していない記述を呼び出すことができます。globalそのものはActionScriptのトップレベルのアクセスを提供するので、「[]」を使って、文字列で目的のクラスなどにアクセスできます。

【ActionScriptのuintクラスを直接参照する例】
```
trace (untyped __global__ ["uint"]);
```

【Haxeに用意されていない、describeType関数を呼び出し可能にする例】
```
var describeType:Dynamic->String = untyped __global__ ["fla
sh.utils.describeType"];
trace (describeType (String));
```

3-21 外部ライブラリの使用

　Haxeでは、書き出すプラットフォーム、つまりJavaScriptやActionScriptなどの既存ライブラリを使用することができます。
　しかし、他言語とは型などの違いがあるため、これを定義するファイルが必要になります。
　このようなとき、「extern」というキーワードで、外部ライブラリの定義ファイルを作成できます。文法はinterfaceに似たものになります。

　使う関数や変数の定義と、その型だけを記述しておくことで、補完やエラーチェックが機能するようになります。
　関数や変数の定義をすべて書く必要はなく、ひとまず使えるものだけ定義していれば問題ありません。

　有名なライブラリのexternは、すでに用意されていることがあるので、使いたいライブラリがある場合は、まずは検索してみるのがいいでしょう。

＊

　なお、ここで使っているサンプルコードは、工学社のホームページ (http://www.kohgakusha.co.jp/) からダウンロードできます。

[3-21] 外部ライブラリの使用

■ JavaScriptでの使用方法

利用するライブラリとして、以下のようなテキストを表示するだけの単純なものを想定します。

[リスト4]library.js

```javascript
/**
 * @class MyElement
 * @param myId String
 */
function MyElement (myId) {
    this.myElement = document.getElementById (myId);
}

/**
 * @param message String
 */
MyElement.prototype.setText = function (message) {
    this.myElement.innerText = message;
};
```

このライブラリに対応したexternは、次のようになります。

[リスト5]MyElement.hx

```haxe
package;
extern class MyElement {
    public function new (myId:String);
    public function setText (message:String):Void;
}
```

以下のように実行できます。

[リスト6]Main.hx

```haxe
package;
import js.Browser;
class Main {
    public static function main () {
        Browser.window.onload = onload;
    }
```

第3章
基本構文

```
    private static function onload (event:Dynamic):Void {
        var element = new MyElement ("container");
        element.setText ("Hello Haxe");
    }
}
```

externがあることで、HaxeのコードからJavaScriptのライブラリを呼び出せるようになります。

もちろん、実行時には、出力されたJavaScriptコードと対象のライブラリの両方がhtmlから呼び出されている必要があります。

また、これも当然ですが、JavaScriptの外部ライブラリを使うと、JavaScript言語以外での実行はできなくなります。もちろんそれでも、Haxeに置き換えることで型が使えるなどのメリットがあります。

なお、externファイルを使ってFlashDevelopに補完をさせるためには、ソースパスに指定されている場所にexternファイルが置かれている必要があります。

■ ActionScriptでの例

ActionScript3.0でのライブラリは、多くの場合「SWC」で提供されています。SWCは型情報をもっているため、Haxeではexternがなくても、SWCライブラリをそのまま解釈することができます。

hxmlに「-swf-lib SWCファイルへのパス」を記述することで、使用可能になります。
```
-swf-lib lib/myLibrary.swc
```

しかし、このままではコンパイルはできても、エディタで補完が出ないことがあります。

externを追加することで、エディタでの補完がライブラリに対応するようになりますが、SWCからexternを簡単に自動生成できます。

Haxeをインストールしている状態でコマンドプロンプトから、「haxe

[3-21] 外部ライブラリの使用

--gen-hx-classes」コマンドを使うと、externを生成できます。
　たとえば、SWCの名前が「library.swc」のときは、以下のように記入します。

```
haxe --gen-hx-classes library.swc
```

　hxclassesというフォルダが出力され、その中にextern定義が出力されています。
　flashパッケージなども出力されますが、そちらは削除しても問題ありません。

■ 外部ライブラリでエラーが発生する場合

　SWCを利用したり、externを生成する場合に、エラーが発生することがあります。
　これは、ActionScript3のルールでは許容されても、Haxeのルールではエラーとなってしまう、以下のような構文が含まれていることが原因です。

・パッケージ名が「小文字のアルファベット」以外で始まっている。
・「staticな変数」と「メンバ変数」の名前が重複している。

　基本的には、SWC内部の該当する文字列を変更することで、回避が可能です。

＊

　なお、このエラーは、Alternativa3DやStarlingFrameworkなどの有名なフレームワークで発生しますが、以下のパッチを使うことで回避できます。

＜Alternativa3D用パッチ＞
https://gist.github.com/tmskst/33c8aae12d3fbdfbd636

＜StarlingFramework用パッチ＞
https://gist.github.com/tmskst/9912248

第3章 基本構文

■ @:fakeEnum

fakeEnumは、ライブラリのうち定数のみを持つクラスを、Haxeでenumのように扱うことができる機能です。

ActionScript3では、「flash.display.BlendMode」などがこれにあたります。

リスト4（p.101）を使った例を作ってみましょう。
library.jsのライブラリに、次のコードを追加します。

【リスト7】library.jsに追加

```javascript
/**
 * @param color String
 */
MyElement.prototype.setColor = function (color) {
    this.myElement.style.color = color;
};

/**
 * @class MyColor
 */
function MyColor () {
};

MyColor.RED = "#FF0000";
MyColor.GREEN = "#00FF00";
MyColor.BLUE = "#0000FF";
```

色を変更することのできる機能を追加しました。MyColorが持つ定数で、色が管理されています。

これをfakeEnumにするため、新しいexternのMyColorを作ります。
externの前に、「@:fakeEnum（値の型）」と指定します。

【リスト8】MyColor.hx

```haxe
package ;
@:fakeEnum (String)
extern enum MyColor {
```

[3-21] 外部ライブラリの使用

```
    RED;
    GREEN;
    BLUE;
}
```

合わせて、MyElement.hxの関数も追加します。

[リスト9] MyElement.hx

```
package;
extern class MyElement {
    public function new(myId:String);
    public function setText(message:String):Void;
    public function setColor(color:MyColor):Void;
}
```

これで、以下のように実行することができます。

[リスト10] Main.hx

```
package;
import js.Browser;
class Main {
    public static function main() {
        Browser.window.onload = onload;
    }

    private static function onload(event:Dynamic):Void {
        var element = new MyElement("container");
        element.setText("Hello Haxe");
        element.setColor(MyColor.BLUE);
    }
}
```

「MyColor.BLUE」の部分が、Haxe上ではenumとしての呼び出しとして補完されます。

第3章 基本構文

■ @:overload

　Haxeはオーバーロードに対応していませんが、外部ライブラリが関数のオーバーロードを使っている場合があります。

　その際はexternの関数定義の前に「@:overload (function (引数の定義) : 返り値 {})」と記述することで、オーバーロードに対応できます。

　たとえば、JQueryのhtml関数のオーバーロードをexternで記述する場合は、次のようになります。

```
@:overload (function (html:String):JQuery{})
@:overload (function (html:JQuery):JQuery{})
function html ():String;
```

　外部ライブラリの使用時に型エラーが発生しないという機能であり、Haxe内部でオーバーロードが使えるわけではありません。

Column: 型を利用した開発

　型は安全性を高めたり、実行速度を高めるためだけにあるという印象を持つ人は多いですが、他の重要な効果の1つとして、「開発速度の向上」があります。

　たとえば、先に必要な変数や関数を呼び出すコードを作り、エラーをわざと出しておいて、エラーが消えていくようにように実装するという流れです。これは自動的なテスト駆動開発に近いです。

　また、関数や変数名の変更、引数の変更、クラスの分割、パッケージの移動などが、エディタの補助によって、比較的、自由に行なうことができます。それによって別のクラスに矛盾点が出てもエラーで列挙されるので、仕様変更やリファクタリングによる手間を減らすことができます。

　型の安全性というのは、開発速度と表裏一体です。安全だからこそ速く開発でき、安全だからこそコードの変更をいつでも行なうことができるのです。

第4章 JavaScriptを書き出す

Haxe から JavaScript を書き出すことで Web コンテンツが作成できます。
本章では、基本的な JavaScript 出力の方法と、JavaScript 書き出し時特有の仕様、簡単な「インタラクティブ・コンテンツ」のサンプルコードを紹介します。

4-1 基本構成

■ 出力設定

ファイルディレクトリが以下のような構成になっていることを前提として、説明します。

```
├─ deploy/
├─ src/Main.hx
└─ compile.hxml
```

compile.hxml内に次の記述を行なうことでJavaScript（index.js）ファイルがdeployディレクトリ内に出力されます。

```
-js deploy/index.js
-main Main
-cp src
```

■ 「Hello World」とtrace文

ソースコード内に記述されたtrace文は、JavaScriptのconsole.logに変換されて、コンソールに出力されます。

第4章
JavaScriptを書き出す

サンプル・ソースコード: src/TraceSample.hx
出力結果: deploy/trace/index.js

■ jsパッケージ

Haxe APIのjsパッケージで、比較的利用する機会が多いと思われるクラスは、次の3つです。

- js.Lib
- js.Cookie
- js.Browser

●js.Lib

JavaScriptのeval関数などが定義されています。

```
//文字列を結合して変数に
var hello = "Hello!";
var text = Lib.eval ("hel" + "lo");
```

サンプル・ソースコード: src/LibSample.hx
出力結果: deploy/lib/index.js

●js.Cookie

クッキーを利用するためのクラスです。

有効期限の設定など、JavaScriptからクッキーを利用するよりも扱いやすい形になっています。

```
//クッキーからデータ取得
var cookieData = Cookie.get ("cookie_key");
//クッキーへデータ保存
//第三引数は有効期限となり「秒」で指定する : 60 * 60 は 1時間
Cookie.set ("cookie_key", cookieData, 60 * 60);
```

サンプル・ソースコード: src/CookieSample.hx
出力結果: deploy/cookie/index.js

[4-2] DOM

● js.Browser

JavaScriptのwindow、location、navigator、document変数などが定義されています。

```
//ユーザがAndroid環境を利用しているか調査
var userAgent = Browser.navigator.userAgent;
var isAndroid = ~/Android/.match(userAgent);
//URL 情報を取得
var url = Browser.location.href;
trace (url);
```

サンプル・ソースコード: src/BrowserSample.hx
出力結果: deploy/browser/index.js

Browser.documentに関しては、次節で説明します。

4-2　DOM

JavaScriptによるDOM操作を可能とするdocumentプロパティは、js.Browser.documentに定義されています。

```
var element = Browser.document.getElementById("container");
element.innerHTML = "Hello World!";
```

また、DOM操作を行なうためのクラス郡は、js.html.*パッケージ内に定義されています。

エディタが対応していれば、入力補完候補が表示されたり、コンパイル時にエラーチェックを行なってくれます。

たとえば、上記element変数の型はjs.html.Elementとなっており、「element.」と記入すると、Elementクラス内入力補完候補がエディタに表示されます。

サンプル・ソースコード: src/Sample.hx
出力結果: deploy/sample/

第4章
JavaScriptを書き出す

DOM操作は旧ブラウザのことを考慮した場合、jQueryを通じて行なわれることが一般的です。

js.html.*パッケージ内クラスは、次節で説明する「jQueryExtern」でも利用されます。

4-3 jQuery

■デフォルトAPIの「jQuery」と、「jQueryExtern」の違い

Haxeには、「js.JQuery」というAPIが用意されています。
しかし利用されるjQueryのバージョンが少々古いものになっています[※]。

最新のjQueryを利用したい場合は、「jQueryExtern」を利用しましょう。

■ 準 備

[1] jQueryExternをインストールするために、コマンドプロンプトから以下のコマンドを実行。

```
haxelib install jQueryExtern
```

[2] hxmlに次の記述を追加し、jQueryExternの使用を明示。これで、jQueryExternを利用したソースコードのコンパイルが可能となる。

```
-js deploy/index.js
-main Main
-cp src
-lib jQueryExtern
```

[3] 利用するjQueryをhtml内で指定。

```
<head>
    <script type="text/javascript" src="https://ajax.googleapis.com/ajax/libs/jquery/1.10.1/jquery.min.js" ></script>
</head>
```

※参考比較表:https://github.com/andyli/jQueryExternForHaxe

[4-3] jQuery

■ 基礎知識

●「$()」は、「new JQuery()」

JavaScriptでのjQuery処理呼び出しは、「$(node)」という記述で行ないます。

```
$("p").text("Hello World!");
```

一方、HaxeのjQueryExternでは、「new JQuery(node)」という記述で行ないます。

```
new JQuery("p").text("Hello World!");
```

IDEがサポートしている場合は、「new JQuery("p").」と入力した後に、入力補完候補が表示されます。

● jQueryのDOM操作処理の呼び出しタイミング

jQueryによるDOM操作を行ないたい場合、ページ内DOMが構築された後に処理を実行する必要があります。

JavaScriptでDOMが構築されたかどうかを調べるために、よくある方法としては、次の2つがあります。

＜①DOMツリー構築完了調査＞
```
$(document).ready(function() {
    //jQuery処理記述
});

//省略形
$(function() {
    //jQuery処理記述
});
```

＜②ページ読み込み完了調査＞
```
window.onload = function() {
    //jQuery処理記述
};

//onload 複数指定可能タイプ
```

第4章
JavaScriptを書き出す

```
↴
window.addEventListener("load", function () {
    //jQuery処理記述
});
```

Haxeでは、以下のように記述します。

<①DOMツリー構築完了調査(Haxeの場合)>
```
new JQuery (function () {
    //jQuery処理記述
});
```

サンプル・ソースコード: src/JQueryReady.hx
出力結果: deploy/jquery_ready/

<②ページ読み込み完了調査(Haxeの場合)>
```
js.Browser.window.addEventListener ("load", function (event) {
    //jQuery処理記述
});
```

サンプル・ソースコード: src/WindowLoad.hx
出力結果: deploy/window_load/

●「$.ajax」は、「JQuery._static.ajax」

外部との通信を行ないたい場合、JavaScriptでは$.ajax関数を利用します。

```
$.ajax ({
    url: "data.txt",
    success: function (data) {
        //成功時の処理
    },
    error: function (request, status, error) {
        //失敗時の処理
    }
});
```

Haxeにおける$.ajax関数は、JQuery._static.ajax関数として定義されているので、以下のように記述します。
```
JQuery._static.ajax ({
```

[4-3] jQuery

```
    url: "data.txt",
    success: function (data) {
        //成功時の処理
    },
    error: function (request, status, error) {
        //失敗時の処理
    }
});
```

サンプル・ソースコード: src/Ajax.hx
出力結果: deploy/ajax/

$.getや$.postなども同様に、JQuery._static.getやJQuery._static.post として定義されています。

●each

JavaScriptで、ul内にあるすべてのli要素に対して何か処理をしたい場合、以下のようにeach関数を利用します。

```
$("li").each (function (id, node) {
    var text = $(node).text ();
    trace (text);
});
```

Haxeでは次のように記述します。

```
new JQuery ("li").each (function (id:Int, node:Node) {
    var text = new JQuery (node).text ();
    trace (text);
});
```

引数idには、「引数nodeが何番目の要素か」の数字が代入されます。

サンプル・ソースコード: src/Each.hx
出力結果: deploy/each/

●Lib.eval ("this")

JavaScriptのjQuery利用では、ソースコードに「this」記述が登場します。

第4章
JavaScriptを書き出す

たとえば、クリックした要素の背景色を着色したい場合、以下のようなソースコードがあるものとします。

```
$("div").mousedown (function (event) {
    var element = $(this);
    element.css ("background-color", "#ffaa00");
});
```

Haxeでは、JavaScriptと比べてthisの意味合いが変わるため、代わりに「Lib.eval ("this")」を利用して、次のように記述します。

```
new JQuery ("div").mousedown (function (event:Event) {
    var element = new JQuery (Lib.eval ("this"));
    element.css ("background-color", "#ffaa00");
});
```

もちろん、以下のように書くこともできます。

```
var divElement = new JQuery ("div");
divElement.mousedown (function (event:Event) {
    divElement.css ("background-color", "#ffaa00");
});
```

サンプル・ソースコード: src/ThisEval.hx
出力結果: deploy/this_eval/

■ **jQueryを使ったサンプル**

次の図は、Haxeのクラス設計とjQueryを利用したサンプルです。画面内のleft or rightボタンを押すと、画像が移動します。

[4-3] jQuery

サンプル・ソースコード: src/Sample.hx
出力結果: deploy/sample/

このソースコードの主なファイルは次のような役割を持ちます。

●index.html
ボタンと画像を設置した実行用ページ。

●index.css
定義された画面レイアウト。

●Sample.hx
次のクラスが含まれています。

・Sample クラス
Image,UserInterface の生成。
タイマーを利用して ボタンの押下監視と 画像の移動処理呼び出し。

・Image クラス
コンストラクタで画像表示要素を確保。
移動命令に伴い画像を移動。

・UserInterface クラス
ボタン押下状況を確保。

第5章 Flash（SWF）を書き出すときの基本

HaxeからFlash（SWF）を書き出すことで、Webコンテンツや「モバイル・アプリケーション」が作成できます。
本章では、基本的なFlash（SWF）出力の方法と、Flash（SWF）書き出し時特有の仕様、簡単な「インタラクティブ・コンテンツ」のサンプルコードを紹介します。

5-1　Adobe AIR

　「Adobe AIR」は、Flash（SWF）をアプリケーションに変換した形式のことです。主に、モバイルアプリとして使用されています。
　Flashは、よくモバイルから撤退したと言われていますが、これはブラウザ上のプレイヤーの話であり、アプリケーションとしては現在も問題なく利用することができます。

　変換には、無料で公開されている「Adobe AIR SDK」を使います。
　もちろんHaxeから出力されたswfも、「Adobe AIR」に変換することができます。

　「AIR SDK」はFlashDevelopに内包されているため、個別にダウンロードする必要はありませんが、別のエディタを使用する際など、必要な場合は次のページからダウンロードすることができます。

＜「Adobe AIR SDK」ダウンロードページ＞
http://www.adobe.com/devnet/air/air-sdk-download.html

第5章
Flash(SWF)を書き出すときの基本

5-2 基本となるSpriteを得る

　Flash出力時に、Haxe上で描画用のSpriteを得るには、「flash.Lib.current」を使用します。

```
import flash.Lib;
import flash.display.Sprite;
class Test {
    static function main () {
        // 描画用のSpriteを得る
        var mainSprite:Sprite = Lib.current;
        // graphicsインスタンスを使用して円を描画する
        var graphics = mainSprite.graphics;
        graphics.beginFill (0xff0000);
        graphics.drawCircle (100, 100, 50);
    }
}
```

　この例では、基本Spriteに直接描画していますが、実際の使用では子のSpriteを追加して、そちらに描画を行なうのが一般的です。

5-3 外部素材を埋め込む

　SWFファイル内に素材などを埋め込み、プログラムで使用することができます。

　埋め込みには「@:」から始まるメタデータを使います。コロンを忘れやすいので注意しましょう。

■ 画　像

　メタデータ「@:bitmap」を使います。

　たとえば、「asset/hero.png」に使用したい画像があるときは、次のようにするとコンパイル時に画像が埋め込まれます。

```
@:bitmap ("asset/hero.png")
class HeroImage extends flash.display.BitmapData { }
```

[5-3] 外部素材を埋め込む

「HeroImage」の部分は、自由なクラス名です。

使用する際は、「new クラス名(0, 0)」とすることで、インスタンスとして取得します。たとえば、上記の画像を表示するには次のようにします。

```
var heroBitmapData = new HeroImage (0, 0);
var heroBitmap = new Bitmap (heroBitmapData);
Lib.current.addChild (heroBitmap);
```

画像形式は、「png」「jpg」「gif」が利用できます。

アニメーションGIFは対応していないので、バラバラにして切り替えるか、Adobe Flash ProfessionalからSWCを出力し、ライブラリとして読み込む方法があります。

■ サウンド

メタデータ「@:sound」を使用します。

たとえば、「asset/damage.mp3」にサウンドがあるときは、画像と同じように、次のようにして埋め込みます。

```
@:sound ("asset/damage.mp3")
class DamageSound extends flash.media.Sound { }
```

こちらも、「DamageSound」の部分は自由なクラス名です。

「new クラス名()」とすることで、インスタンスとして取得し、再生時は以下のようにします。

```
var damageSound:DamageSound = new DamageSound ();
damageSound.play ();
```

サウンド形式は「wav」「mp3」が利用できます。

■ フォント

メタデータ「@:font」を使用します。

たとえば、「"asset/pop.ttf"」にフォントがあるときは、これまでと同じように、次のようにしてフォントを埋め込みます。

第5章
Flash(SWF)を書き出すときの基本

```
@:font ("asset/pop.ttf")
class PopFont extends flash.text.Font { }
```

こちらも、「PopFont」の部分は自由なクラス名です。

「new クラス名 ()」とすることで、インスタンスとして取得し、利用時は以下のようにします。

```
var font = new PopFont ();
var fmt = new TextFormat ();
//フォントを登録する
fmt.font = font.fontName;
//フォントのサイズを決定する。大きさはお好みでどうぞ
fmt.size = 40;

//テキストを描画する
var textfield = new TextField ();
//先ほど決定したTextFormatを登録する
textfield.defaultTextFormat = fmt;
//外部のフォントを使用することを許可する
textfield.embedFonts = true;
//表示したい文字列を登録する。" "の中身を好きなものに変更してもよい
textfield.text = "abcdABCD0123";
//描画範囲を文章の長さに合わせる
textfield.autoSize = TextFieldAutoSize.LEFT;
//登録する
Lib.current.addChild (textfield);
```

@:fontの第2引数に適用する文字を、指定することができます。
```
@:font ("asset/pop.ttf", "a-zA-Z0-9")
```

a-zは小文字のaからzまでのすべての小文字アルファベットに適用されます。上記の場合、同様に大文字、数字にも適用されます。

フォント形式は「ttf」形式のみが利用できます。

[5-3] 外部素材を埋め込む

■ テキスト

「haxe.resource」を使用します。

hxmlファイルに、「-resource <ファイルパス>@<リソースID>」と追加することで、埋め込まれます。リソースIDは利用時プログラムから呼び出すためのIDです。

たとえば、「asset/hello.txt」にテキストがあるとき、hxmlファイルに以下のように記述します。
```
-resource asset/hello.txt@hello
```

利用するときは「Resource.getString("リソースID")」とします。
```
trace(Resource.getString("hello"));
```

埋め込みファイルの最大サイズ

「@:bitmap」、「@:sound」などのメタデータを用いる方法では、埋め込めるファイルサイズは16MBまで、haxe.Resourceを用いる方法では、埋め込むファイルサイズ12MBまでです。

これを超えると、コンパイル時にエラーが出てしまいます。

こういった場合は、実行時に動的に読みこむようにするか、一度SWCを作成する必要があります。

■ ByteArray

ByteArrayは任意のバイト列です。どのようなファイルも、ByteArrayとしてなら読み込むことができます。

ただし、独自形式の場合は、変換する処理を自分で実装する必要があります。

●メタデータで埋め込む

メタデータ「@:file」を使用して、同じように埋め込むことができます。

第5章
Flash(SWF)を書き出すときの基本

たとえば、「asset/data.a」にファイルがあるときは、次のように埋め込みます。

```
@:bitmap ("asset/data.a")
class MyFile extends flash.utils.ByteArray { }
```

そして、以下のように利用できます。

```
var file:ByteArray = new MyFile ();
```

●Resourceで埋め込む

テキストと同じように、hxmlに次のように書きます。

```
-resource asset/data.a@myFile
```

そして、次のように取得します。このときの型は「haxe.io.Bytes」となっています。

```
var fileBytes = Resource.getBytes ("myFile"));
```

ByteArrayに変換するには、以下のようにします。

```
var file:ByteArray = fileBytes.getData ();
```

5-4 ActionScriptライブラリを使う

FlashをターゲットにしたHaxeでは、SWCファイルやSWFファイルを簡単に読み込むことができます。

SWCファイルは、Flashのライブラリで、コードだけではなく他のリソースデータも保持することが可能です。特にAdobe Flash Professionalを使って作成できるMovieClipデータは、使いやすいアニメーションデータを保持することができるので、ゲームの作成などに非常に有用です。

SWCの作成方法は、Adobeなどのマニュアルを参照してください。ここでは、主に既存のSWCを利用する方法について説明します。

[5-4] ActionScriptライブラリを使う

■ MovieClipを使う

SWCを利用してFlashのMovieClipを読み込むには次のようにします。

[1] Flashで、ムービークリップの設定「ActionScript用に書き出し」を有効にして、任意のクラス名をつける。

[2] SWC形式で出力。

[3] hxmlファイルに「-swf-lib 対象のファイルパス.swc」と記述。

＜例：ファイル名が「asset/monster.swc」の場合＞
```
-swf-lib asset/monster.swc
```

[4] 任意のクラス名を利用して、コード内で使用する。

＜例：手順[1]のときに、「MonsterMovie」というクラス名をつけた場合＞
```
// インスタンスを取得
var monsterMovie = new MonsterMovie();
// 表示に反映
flash.Lib.current.addChild(monsterMovie);
```

MovieClipを対象にする場合、SWCではなくSWFファイルでも同様に読み込むことができます。

■ 「ソース・ライブラリ」として使う

SWCはhxmlに「-swf-lib ファイル名」を追加するだけで、すぐに反映させることができます。

補完が必要な場合は、別途externを作ります。

なお、SWCをソースパスに直接追加してしまうと、FlashDevelopが正しくビルドを実行できなくなってしまうようです。

第5章
Flash(SWF)を書き出すときの基本

5-5 出力するSWFの形式などの指定

hxmlで、サイズやフレームレートなどを指定できます。

■ 画面サイズ、FPS、背景色

「-swf-header 幅:高さ:フレームレート:背景色」とします。
-swf-header 200:300:40:FF0000

■ SWFのバージョン

「-swf-version バージョン」と指定します。
-swf-version 11

実際のSWF Versionではなく、それに対応するFlash Playerのバージョンを指定します。

たとえば、「11.9」を指定すると、「Flash Player 11.9」以降向けである「SWF Version 22」のswfが出力されます。

各バージョンについての詳細はAdobeの情報を参考にしてください。

なお、この指定にかかわらず、「-swf-lib」を使って別のバージョンのSWFを埋め込んだ場合などは、バージョンが変わることがあります。

第6章 「OpenFL」を利用する

「OpenFL」は、FlashのAPIをベースに作られたクロスプラットフォーム向けのライブラリです。
Flash特有の描画表現をそのままのコードで、スマートフォン向けネイティブアプリや、HTML5のコードなどを出力できます。

6-1 概要と特徴

「OpenFL」は、2013年にSteamでダウンロード販売され、いくつものゲーム賞を受賞した「Papers, Please」というゲーム (http://papersplea.se/) に使われているなど、海外ではすでにいくつかの商用利用の事例があります。

ただし、描画の再現やネイティブでの挙動には癖があります。単純なコンテンツや、クロスプラットフォームを想定していないコンテンツでは、JavaScriptやFlash出力をそのまま使うほうが開発が容易になることがあるので、よく考えて選択するようにしてください。

OpenFLの作業では、コマンドプロンプト※を使った操作を行なうため、コマンドプロンプトでの基本的な知識があることを前提として、説明を進めます。

※ Windows8以降の場合、WindowsキーとRキーを同時に押し、「ファイル名を指定して実行」ダイアログを開いて、「cmd」と入力することで起動する。他にも、アプリ画面から「コマンドプロンプト」という名前のアプリを見つけて実行するなどでも、開くことができる。

第6章
「OpenFL」を利用する

■ FlashAPIを利用したクロスプラットフォーム

OpenFLはクロスプラットフォームのアプリケーションを開発できるツールです。OpenFLのプログラミング言語は本書で紹介しているHaxeを利用し、以下のプラットフォームに対応しています（執筆時点）。

```
Windows ／ Mac ／ Linux ／ iOS ／ Android ／ BlackBerry ／
Firefox OS ／ Tizen ／ Flash ／ HTML5
```

OpenFLからクロスプラットフォームのアプリケーションを作るには、まずHaxeを各プラットフォーム向けの言語に変換し、その後にプラットフォームごとの出力機構を用いて、アプリケーションを作ります。

たとえば、OpenFLからWindowsアプリケーションを作る場合、一度HaxeからC++コードを出力し、Visual Studio C++ 2010 Expressなどのソフトを使ってアプリケーション出力を行なうことになります。

上記についてはプラットフォームで異なる内容になるので、用途や目的に合わせて使用しましょう。

■ Flashと同等のAPI

Flash APIと同等のAPIが用意されており、ネット上にある膨大なFlash関連資料を元に応用すれば、比較的容易に開発が可能です。

■ネイティブ出力により高速に動作するアプリケーション制作が可能

たとえば、OpenFLからAndroidターゲット出力する場合は、出力機構としてAndroid NDKを利用するため、Javaで作成されたAndroidアプリよりも高速に動作します。

■ swfファイルを外部素材として利用可能

オーサリングツールのFlash Professional CCを用いて、UI設計やアニメーション制作を行なうことが可能です。

[6-1] 概要と特徴

■ 拡張機能によって、ネイティブ機能へのアクセスが可能

モバイル端末の場合、以下のような機能に対応しています。

・AdMob表示
・カメラへのアクセス
・WebViewの表示

■ クロスプラットフォーム性は完璧ではない

　OpenFLは非常に広い範囲のクロスプラットフォームを実現していますが、それでも完璧ではないので注意しましょう。

　たとえば、swfファイルを利用する場合、swf内アニメーションの再現度は100%ではなく、HTML5ターゲットではswf内にあるMovieClipは1フレーム目までしか表示されません。

　これらの問題はOpenFLの開発が進むとともに、順次解決されていく見込みです。

■ Adobe AIRとの比較

　OpenFLのようなクロスプラットフォーム向けのアプリケーション作成ツールとして、「Adobe AIR」があります。

　OpenFLはAdobe AIRも出力できるのですが、OpenFLを使わずにHaxeから直接Adobe AIRを作ることもできます。

　どちらを利用するかの指針の例は、以下になります。

・swfアニメーション再現度ならば、Adobe AIR
・動作速度優先ならば、OpenFL

　開発の時点でswf読み込み処理など、OpenFLとAdobe AIRの動作の違いを吸収するような処理を書いておけば「OpenFLとAdobe AIRどちらを選択しても良いコード」を作ることも可能です。

第6章
「OpenFL」を利用する

6-2 環境設定

ここでは、OpenFLの「バージョン3」を想定した環境設定方法を解説します。

なお、公式インストールドキュメント（英語）は、以下のサイトにあります。

< OpenFL Documentation >

| http://www.openfl.org/documentation/ |

URLは変わる可能性があるので、見つからない場合は公式トップページから探すか、検索サイトで「OpenFL Documentation」などで検索してください。

[1] Haxeをインストールする（p.20参照）。

ただし、OpenFLを利用する際は、Haxeのバージョンに注意。最新版のHaxeのバージョンではOpenFLがまだ対応していないなどの理由で、正常にコンパイルできない可能性がある。

OpenFL対応バージョンのHaxeインストーラは、以下のURLからダウンロードが可能。

< Installing OpenFL >

| http://www.openfl.org/documentation/setup/install-haxe/ |

[2] コマンドプロンプトを立ち上げて以下のコマンドを実行し、Limeをインストール（多少時間がかかる場合がある）。

```
haxelib install lime
haxelib run lime setup
```

[3] コマンドプロンプトで以下のコマンドを実行し、OpenFLをインストール。

```
lime install openfl
```

[4] Flash用デバッグ用プレイヤーをインストール。

これは、Flashターゲットに書き出した場合のテストを行なうのに必要（p.52参照）。

ライブラリの一括更新をする方法

以前にOpenFLをインストールしたことがあり、その際に使用していた古いライブラリが残っている場合、コンパイルが正常に行なわれないことがあります。

このような場合は、コマンドプロンプトから以下のコマンドを実行することで、すべてのライブラリを最新のものに更新できます。

```
haxelib upgrade
```

6-3 プロジェクトの作成

OpenFLに対応したプロジェクトを作成します。

[1] コマンドプロンプトで、プロジェクトを作成したい任意のフォルダに移動する※。

[2] OpenFLプロジェクトのテンプレートを作るため、以下のコマンドをコマンドプロンプトで実行。

```
lime create openfl:project MyProject
```

[3] MyProjectディレクトリが作成されるので、そのディレクトリまで移動する。

```
cd MyProject
```

※ コマンドプロンプトで任意のフォルダに移動するには、「cd フォルダパス」を実行する。

第6章
「OpenFL」を利用する

[4] 表示用のコードを追加するため、「MyProject/Source/Main.hx」をエディタで開き、以下のように編集する。

```haxe
package;
import openfl.display.Sprite;
class Main extends Sprite
{
    public function new ()
    {
        super ();
        trace ("hello world!"); //追加
    }
}
```

[5] ターゲットに合わせて、以下のテストコマンドを実行する。

＜HTML5ターゲットの場合＞
```
lime test html5
```

＜Flashターゲットの場合＞
```
lime test flash
```

　HTML5ターゲットの場合はブラウザコンソール[※]に、Flashターゲットの場合にはFlash Player画面内に、「hello world!」と表示されます。

[※] ブラウザコンソールはWindowsのGoogle Chromeの場合、F12キーで確認が可能です。

[6-3] プロジェクトの作成

■ テンプレートのディレクトリ構造

生成したプロジェクトでは、以下のようなディレクトリが設定されています。

```
MyProject
├ Assets/
│  └ openfl.svg
├ Source/
│  └ Main.hx
├ Export
├ MyProject.hxproj
└ project.xml
```

ディレクトリはそれぞれ、次のような役割となっています。

- ソース配置ディレクトリ: Source
- 素材配置ディレクトリ: Assets
- ファイル出力ディレクトリ: Export

本章と、**第8章**では、このディレクトリ設定そのままを用いて、説明を行ないます。

なお、Assets/openfl.svgはプロジェクト作成時に、自動的に生成されるアプリ用アイコンのファイルです。Google Chromeなどで開くことで、表示を確認できます。

第6章
「OpenFL」を利用する

6-4 サンプルプロジェクト

ここからはサンプルプロジェクトを使って、解説を進めていきます※。このサンプルは、キャラクター画像用スプライトシート（キャラクターのアニメーション用画像）を読み込み、画面クリックで操作（ジャンプ）するものです。

■ 画像素材

Assetsディレクトリ内に、右のような、キャラクター画像用スプライトシート（walk.png）が配置されています。この画像は、アニメーションの各コマが並んだものになります。

■ Project設定ファイル

project.xmlは、プロジェクト全体に対する設定を行なうファイルです。
テンプレートで生成されたproject.xmlに対し、「window」タグを追加しています。

```
<?xml version="1.0" encoding="utf-8"?>
<project>

    <meta title="MyProject" package="com.example.myproject" version="1.0.0" company="Company Name" />
    <app main="Main" path="Export" file="MyProject" />

    <window fps="24" />
    <source path="Source" />

    <haxelib name="openfl" />
```

※サンプルプロジェクトは、工学社のホームページ（http://www.kohgakusha.co.jp/）からダウンロードが可能。

[6-4] サンプルプロジェクト

```
    <assets path="Assets" rename="assets" exclude="openfl.svg" />
    <icon path="Assets/openfl.svg" />
</project>
```

追加した「window」タグは、フレームレートを24に設定するものです。Flashターゲット出力時に有効になります。

```
<window fps="24" />
```

■ ソースコード詳細

各ソースコードは次のような働きをします。

●Main.hx

・画像素材「walk.png」の読み込み。
・各インスタンスを作成。
・各インスタンスの処理呼び出し。
・画面クリック判定が行なわれたら、プレイヤーにその情報を伝える。

●MouseEventChecker.hx

・画面のクリック状態を調査。

●Player.hx

・スプライトシート画像をコマ単位で描画できるように、Tilesheetクラスを用いて整形。
・draw関数で描画（2フレームに1回コマを切り替える）。
・特に何も操作がない場合、walk関数が呼び出され続け、その場で歩く。
・ジャンプ命令が行なわれるとジャンプ。

第6章 「OpenFL」を利用する

■ プロジェクトの動作検証

6-2節と同じように、コマンドプロンプトで対象ディレクトリに移動してから、次のコマンドで動作検証が可能です。

＜HTML5ターゲットの場合＞
```
lime test html5
```

＜Flashターゲットの場合＞
```
lime test flash
```

6-5 Androidネイティブアプリを書き出す

OpenFLは、モバイル向けのネイティブアプリを書き出すことができます。

そこで、サンプルプロジェクトをAndroidネイティブアプリとして書き出してみましょう。

なお、OpenFLはAndroid2.3以降の端末が対象になります。また、Androidターゲット出力を行なう場合、以下の4つのソフトが必要になります。

・Android SDK
・Android NDK
・Apache Ant
・Java JDK

各ソフトは、limeセットアップコマンドでダウンロードできます。

[6-5]　Androidネイティブアプリを書き出す

■　インストール用ディレクトリの作成

インストール用ディレクトリを、事前に作っておきます。

- C:¥android¥sdk
- C:¥android¥ndk
- C:¥apache_ant

　Java JDKに関しては、インストーラがインストール先ディレクトリを自動で作ります。

■　セットアップ

　任意のディレクトリを使用してセットアップを行ないますが、ディレクトリパスに2バイト文字が含まれている場合、インストール作業が正常に行なわれないことがあります。
　そのようなときは、Cドライブ直下などに任意のディレクトリを作り、そこで作業をするといいでしょう。

[1] コマンドプロンプトから、以下のコマンドで暫定作業ディレクトリを作る。
```
mkdir C:¥openfl_temp¥
```

[2] 暫定作業ディレクトリに移動。
```
cd C:¥openfl_temp¥
```

[3] Androidセットアップ用コマンドを実行。
```
lime setup android
```

[4] Android SDKをダウンロードしてインストールするかを促されるので、「y」を記入。
```
Download and install the Android SDK? [y/n/a] ? y
```

第6章 「OpenFL」を利用する

[5] Android SDKのzipファイルのダウンロード完了後、インストールディレクトリを問われるので、「C:¥android¥sdk」ディレクトリを指定する。

```
Output directory [C:¥Development¥Android SDK]: C:¥android¥sdk
```

[6] Android SDK Managerが起動する。

[7]「Android 4.1.2（API16）」の項目にチェックを付ける。

この他、起動時にデフォルトでチェックが付いているものは（Extras/Google USB Driverなど）、付けたままにしておく。

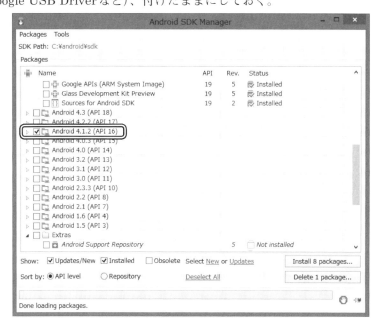

[6-5] Androidネイティブアプリを書き出す

[8] Packages欄内のすべての項目と、「Accept License」にチェックを入れて、「Install」ボタンを押す。

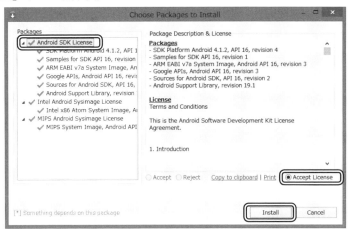

[9] Android NDKをダウンロードしてインストールするかを聞かれるので、「y」を記入。

```
Download and install the Android NDK? [y/n/a] ? y
```

[10] Android NDKのzipファイルのダウンロード完了後、インストールディレクトリを問われるので、「C:¥android¥ndk」ディレクトリを指定する。
　ディレクトリを指定すると、自動でインストール作業が行なわれる。

```
Output directory [C:¥Development¥Android NDK]: C:¥android¥ndk
```

[11] Apache Antをダウンロードしてインストールするかを聞かれるので、「y」を記入。

```
Download and install Apache Ant? [y/n/a] ? y
```

[12] Apache Antのzipファイルのダウンロード完了後、インストールディレクトリを問われるので、「C:¥apache_ant」ディレクトリを指定する。
　ディレクトリを指定すると、自動でインストール作業が行なわれる。

```
Output directory [C:¥Development¥Apache Ant]: C:¥apache_ant
```

第6章
「OpenFL」を利用する

[13] Java JDKをダウンロードしてインストールするかを聞かれるので、「y」を記入。

```
Download and install the Java JDK? [y/n/a] ? y
```

[14] OracleのサイトからJava 6 JDKをダウンロードするように促されるので、「y」を記入。

```
You must visit the Oracle website to download the Java 6 JDK
for your platform
Would you like to go there now? [y/n/a] ? y
```

[15] ブラウザが立ち上がるので、表示される項目から「Java SE 6」を選択。

[6-5] Androidネイティブアプリを書き出す

[16] 続けて、Development Kitの最新版を選択。

[17]「Accept License Agreement」にチェックを入れて、64bit Windowsの場合は「Windows x64」、それ以外の場合は「Windows x86」を選択。

第6章
「OpenFL」を利用する

[18] Oracleアカウントログイン画面が表示されるので、アカウント作成後ログインを行ない、対象のファイルをダウンロード。

[19] ダウンローしたexeファイルを起動する。

[20] インストーラに表示される、インストール先をメモしておく。
```
C:¥Program Files¥Java¥jdk1.6.0_45¥
```

[21] JDKのインストール後、JRE6のインストールも促される場合、続けてインストールを行なう。

[22] インストール完了後、コマンドプロンプトでJava JDKのパスを聞かれるので、メモしておいたパスを記入する。
```
Path to Java JDK [c:¥SDKs¥/java_jdk]: C:¥Program Files¥Java¥jdk1.6.0_45¥
```

[23] ダウンロードした各zipファイル、exeファイルは、不要なので削除する。

■ AndroidとWindowsを接続する

端末での検証を行なうため、WindowsとAndroid端末を接続します[※1]。

[1] Android端末の設定画面から、「開発者向けオプション」→「USBデバッグ USB接続時はデバッグモードにする」にチェックを入れる。

[2] USBを使って、PCにAndroid端末を接続。

[3] デバイスマネージャを確認。ドライバが認識されていない場合は、Android端末専用のドライバをインストールする[※2]。

※1 接続方法は、Android端末やWindowsのバージョンによって変わる。各OSや、端末のドライバなどの動作の違いについては、それぞれのマニュアルを参照。
※2 「Android 端末名」「windows」「ドライバ」といった単語で検索すると、端末製造会社のドライバを配布しているWebページが見つかる。

[6-5] Androidネイティブアプリを書き出す

ダウンロードしたドライバがインストールできない場合

　Android端末のドライバがインストールできないときは、Windowsの設定で「ドライバ署名の強制を無効」にすることで解決できることがあります。
　この設定はセキュリティ上、問題が起こる可能性があるので、自己責任で行なってください。

　たとえば、Windows 8.1の場合、次の手順で設定が可能です。

---

[1] チャームを開く。

[2]「設定」→「PC 設定の変更」→「保守と管理」→「PC の起動をカスタマイズする」を開く。

[3]「今すぐ再起動する」を選択。

[4]「オプションの選択」画面が表示されるので、「トラブルシューティング」→「詳細オプション」→「スタートアップ設定」→「再起動」を選択。

[5]「スタートアップ設定」画面が表示されたら、キーボードを使って「ドライバー署名の強制を無効にする」を選択。

[6] PC 再起動後、ドライバのインストールが可能になる。

第6章 「OpenFL」を利用する

■ Android端末動作検証

コマンドプロンプトでサンプルプロジェクトのMyProjectディレクトリに移動し、以下のコマンドを実行することで、Android端末で動作検証ができます。

```
lime test android
```

ただし、本書執筆時のOpenFLバージョン3では、スプライトシート描画を行なうと黒くなってしまう不具合があります。この問題については、以前のバージョンでコンパイルを行なうための「-Dlegacy」オプションを指定することで解決します。

```
lime test android -Dlegacy
```

■ Windowsアプリケーションを出力

端末を所持していない、あるいはWindowsとAndroid端末の接続が上手くできない状態でネイティブでの動作確認を行ないたい場合、Windowsターゲット出力で検証を行なう方法があります。

[1] Windows セットアップ用コマンドを実行。
```
lime setup windows
```

[2]「Visual Studio C++ 2010 Express」のインストールが促される。
インストールする場合は、PCを再起動する必要がある。

[3] コマンドプロンプトから以下のコマンドを入力すると、Windowsアプリケーションが出力される。
```
lime test windows
```

第7章 特殊な機能

Haxeの持つ機能はまだまだ多くありますが、すべてを本書で説明することはできません。しかし、何ができるかを知っていれば、使い方や、テクニックを自分で調べることが可能です。
この章では、Haxeのさらに便利な機能の概要を紹介していきます。

7-1 プラットフォーム言語によって処理を変えるための構文

「#if」という表記を使うことで、プラットフォームごとの動作を変更することができます。

```
#if flash
trace ("Flashで実行中です");
#elseif js
trace ("JavaScriptで実行中です");
#else
trace ("その他で実行中です");
#end
```

これによって、それぞれのプラットフォームでしか動作しない機能を切り替えることが可能です。importなども切り替えることができます。
「#if」を使うときは、長い処理の中に書かず、その機能だけクラスファイルを別にするほうが、読みやすくなります。

7-2 型パラメータ

基本構文で紹介した型パラメータですが、自分で作ったクラスにも利用できます。

```
class Wrapper<T> {
    private var innerValue:T;
    public function new(value:T) {
        innerValue = value;
    }
    public function display() {
        trace('$innerValue が入っています');
    }
}
```

Array<>などと、同じように使うことも可能です。

```
var a = new Wrapper<String> ("A");
a.display(); // A が入っています
var b = new Wrapper<Int> (1);
b.display(); // 1 が入っています
```

Tの部分は慣習的なもので、他の名前にしても問題ありません。
「<T:型>」といった記述で、型パラメータに使える型を限定することも可能です。

■ 関数の型パラメータ

関数のみに型パラメータを使うことができます。扱う型は不明だけど同じ処理をしたい、という場合に便利です。

```
// 同じ値を指定個数入れた配列を作る
public function creatMultiArray<T> (value:T, num:Int):Array<T> {
    var array:Array<T> = new Array<T> ();
    for (i in 0...num) {
        array.push(value);
    }
    return array;
}
```

クラスとは違い、呼び出し時に「<>」を記述する必要がありません。

```
// 使用
trace (creatMultiArray (1, 2));     // [1, 1]
trace (creatMultiArray ("A", 3));   // ["A", "A", "A"]
```

7-3 無名関数

Haxeは「無名関数」を作ることができます。

```
var sampleMethod:Void -> Void = function ():Void {
    trace ("関数が実行されました。");
};
```

実行するときは、次のようにします。

```
sampleMethod (); // コンソールに「関数が実行されました。」と表示される。
```

また、型推論によって、以下のように省略することもできます。

```
var sampleMethod = function () {
    trace ("関数が実行されました。");
};
```

さらに省略することも可能です。

```
var sampleMethod = function () trace ("関数が実行されました。");
```

どこまで省略するかは、状況とそのプロジェクトのコーディング規約によって考えるようにしてください。

■ クロージャー

Haxeは「クロージャー」を備えています。そのため、無名関数の外側のスコープの変数にアクセスすることができます。

```
var a = 1;
var sampleMethod = function () {
    var b = 1;
    trace ('a=$a b=$b');
    a++;
```

```
    b++;
};
sampleMethod(); // a=1 b=1
sampleMethod(); // a=2 b=1
```

　この例では、クロージャーによってaという変数が共有されています。また、bという変数は初期化し直されています。

　単に、無名関数を定義した場所の変数をそのまま使える、と考えていいでしょう。

　クロージャーは自動的に作られますが、変数を記憶するためにメモリを使います。変数などがたくさんある関数内で、無名関数を不必要に使い過ぎないようにしましょう。

7-4　アクセス制御(Property)

　Haxeには、他のメジャー言語にある「const」のような、定数を宣言する構文はありません。代わりに、変数の読み取りや書き込みを制御する記法が用意されているため、こちらを利用します。

　文法は「var 変数名(読み取りの指定, 書き込みの指定):型」となります。

```
class SampleClass {
    public var count(default, null):Int = 0;
}
```

- default …… 通常の動作になります。
- null ………… 外部からのアクセスを禁止します。privateと同じ動作になります。
- never ……… どこからもアクセスできなくなります。
- get, set …… 「get_変数名」もしくは「set_変数名」という関数で、アクセスされたときの挙動を実装します。

　組み合わせとしては、外部への読み取りを提供し、外部への書き込みは禁止する「(default, null)」を最も使うでしょう。

7-5 enum（列挙型）

「enum」はHaxeの非常に強力な機能のひとつです。単なる列挙型ではなく、いろいろと便利な機能も備えています。順番に紹介していきましょう。

■ 列挙型としての機能

まず、通常の列挙型としての機能です。プログラムを書いていると、いろいろな種類や状態を、値で管理することがあります。たとえば、イベントの種類、敵の行動パターン、文字を左詰めにするか中央寄せにするか、などです。

enumをもたない言語では、文字列でこれを切り替えていることが多いのですが、対応するもの以外の値が入れられてしまうことが問題になります。

```
var textAlign:String = "centr"; // スペルミス！！
```

この例では、"center"と入れようとしたところを、"centr"とスペルミスをしました。しかし、スペルが間違っていようとも文字列に変わりないため、エラーは起きません。場合によっては実行してしっかり目で見ないと間違いに気づかないかもしれません。

enumを利用すると、こういった間違いがなくなります。

まず、enumを定義します。classなどと同じ位置に書きます。
```
enum Align {
    Left;
    Center;
    Right;
}
```

これを、以下のように使います。
```
var textAlign:Align = Align.Center;
```

この時変数には、enumで定義した3つの値以外は入らなくなります。こうすれば、間違って違う文字列を入れたり、定数を使っていてもまた

ま同じ文字列が被ったりすることがありません。

使われている場所を参照検索しやすくなるのも利点のひとつで、仕様変更時に大きな効果を発揮します。

■ switchとの連携

Haxeのenumは、switchと連携することで、「直和型」と呼ばれるような特徴を発揮します。

まず、Haxeの定義が次のようになっていたとします。

```
enum Food {
    Hamburg;
    Sukiyaki;
    Banana;
}
```

switch文で、それぞれの処理を書くことができます[※]。

```
switch (likeFood) {
    case Food.Hamburg :
        trace ("ハンバーグを食べておやすみ。");
    case Food.Sukiyaki :
        trace ("スキヤキを食べておやすみ。");
    case Food.Banana :
        trace ("バナーナを食べておやすみ。");
}
```

Haxeでは、enumをswitchで分岐した場合、すべての項目について処理が書かれていなければエラーとなります。

この状態で、Foodの定義で項目を1つ増やすと「switch文のcase項目が足りない」とエラーが出ます。ランタイムエラーではなく、コンパイル時の静的エラーです。

使用しているすべてのswitchでエラーが出るため、そのエラーを1つずつ対処するだけで、処理の修正漏れの心配もなくなり、仕様変更時にとても安全になります。

[※] switch文の分岐では、「Food.」という部分は省略できるが、エディタがうまく補完してくれない場合があるため、ここでは表記している。

[7-5] enum（列挙型）

他言語でもdefault文を使って、想定外の値のときにエラーを投げるようにはできますが、あくまで実行時のエラーなので、すぐには分かりませんし、最悪実行時にそこに処理が通らなければ気づかないこともあります。Haxeの場合それがコンパイル前に分かるため、エディタが対応していれば、enumの項目を増やした瞬間気づくことができます。

そのため、Haxeのenumは、switchと同時に使うのを推奨します。

■ 引数付きenum

Haxeのenumは引数をもつことができます。

```
enum Food {
    Hamburg;
    Sukiyaki;
    Banana;
    Etc(name:String); // その他
}
```

最後の行に「その他」というものを追加しました。見た目は関数のようになります。

使用するときは、次のようになります。

```
var likeFood:Food = Food.Etc("いぬまんま");
```

また、switch文では次のようになります。

```
switch (likeFood) {
    case Food.Hamburg :
        trace("ハンバーグを食べておやすみ。");
    case Food.Sukiyaki :
        trace("スキヤキを食べておやすみ。");
    case Food.Banana :
        trace("バナーナを食べておやすみ。");
    case Food.Etc(name) :
        trace(name + "を食べておやすみ。");
}
```

enumの引数はswitch文でのみ取り出すことができ、その変数はcase文の中だけで有効になります。

第7章
特殊な機能

たとえば、アンケートで選択肢の最後に「その他」があり、「その他を選んだ人はこちらに具体的にお書きください」という項目のあるデータが実装できるというわけです。

他にも、HTMLのカラー指定は、「red」などの名称でも使えますし、16進数表記での細かい表記も行なえますが、これもenumの引数を使って表現することができます。

■　　　　　　集合型としてのenum

Haxeのenumは、「集合型」と呼ばれる機能も持ちます。上記の引数を使います。

例として、ゲームなどでユーザーの入力を受けるときのことを考えます。操作方法は画面をクリックと、キー入力があり、どちらも記録して、後でリプレイに使いたいという場合を想定します。

●既存の実装

enumを使わず、クラスとインターフェイスで実装しようとすると、次のようになります。

```
interface IInput {
}

class KeyInput implements IInput {
    public var keyCode:Int;
}

class ClickInput implements IInput {
    public var x:Float;
    public var y:Float;
}
```

IInputは空のinterfaceで、ちょっと気持ち悪いですが仕方ないですね…。

そして、解釈するコードが以下です。

```
function setInput (input:IInput):Void {
    if (Std.is(input, KeyInput)) { // 型がKeyInputかどうかチェック
        var keyInput:KeyInput = cast (input, KeyInput);
```

[7-5] enum (列挙型)

```
                                    // 型をKeyInputにキャスト
        trace (keyInput.keyCode);
    } else {
        var clickInput:ClickInput = cast (input, ClickInput);
                                    // 型をClickInputにキャスト
        trace ([clickInput.x, clickInput.y]);
    }
}
```

　少し格好悪いですね。そして、バグが出そうな気もします。

　キャストが多発していますし、isでのチェックは、使用箇所が検索しにくく、さらに継承したときにややこしくなります。また、開発中にKeyとClick以外の新しい入力方式が増えたときに、うっかりClickの処理を通ってしまうミスをしやすくなっています。

● Haxeのenumを使用した実装

　これをenumで実装すると、次のようになります。

```
enum Input {
    Key (keyCode:Int);
    Click (x:Int, y:Int);
}

function setInput (input:Input):Void {
    switch (input) {
        case Input.Key (keyCode) :
            trace (keyCode);
        case Input.Click (x, y) :
            trace ([x, y]);
    }
}
```

　びっくりするほどスッキリしますね。型キャストが消失し、何より今後の開発中にKeyやClick以外の入力方式が増えた場合も、switch文に対応する処理を書いていない部分に静的エラーを出してくれてます。

　静的エラーが出るということは、処理を追加するべき箇所がすべて分かるということです。エディタのエラーの一覧から1つ1つ、最適な処理を入れていくことができます。

第7章 特殊な機能

●enumを使うべき状況

ただし、何でもenumにすればいいというわけではなく、向き不向きがあります。

今回のように、用途は同じなのに扱う値の数や意味が違う、というものには非常に向いています。たとえば、図形を扱う場合に多角形と長方形と円は同じ図形ですが、持つべきパラメータが異なるので、enumに向いています。

逆に、同じ値や処理を共有する可能性のある場合は、素直にクラスの継承関係を使うほうがいいでしょう。

実用としては、クラスの継承を利用して同じ変数などを共有しつつ、違いが大きい値の部分だけenumを使うという組み合わせが多いように思います。

■ Option

enumを利用した例として、Haxeには「Option」という型が用意されています。Optionを使うことによって、nullエラーを回避することができます。

```
var message:Option<String> = Option.None;
```

このように、使いたい型を型パラメータに入れて指定し、初期値としてOption.Noneを入れます。

値を入れるときは、次のようにします。

```
message = Option.Some ("ラダトームのまちに　ようこそ。");
```

値を取り出すときは、次のようにします。

```
switch (message) {
    case Option.Some (value) :
        trace (value);
    case Option.None :
        trace ("へんじがない・・・");
}
```

このように、必ずswitchを使わなければ値が取り出せず、そのときにOption.Noneであった場合の対処も求められます。これで、想定しない

nullエラーが回避されるというわけです。

しかし、便利なOptionですが、完璧ではありません。Optionの機能を有効に使うには、

・初期値に必ずOption.Noneか、Option.Someを入れること。
・その変数にnullを入れないこと。

ということを守る必要があります。

Haxeは他の言語にコンパイルされる関係上、変数にnullを代入することを完全に禁止することができません。Optionを使えば、大体の状況でnullエラーを防ぐことが可能ですが、関数の外など、知らない対象からnullが渡されてきた場合には対処できないのが残念なところです。

7-6　パターンマッチ

Haxeのswitchには、ガードやextractor（抽出子）をもつ強力な「パターンマッチ」が実装されています。

ただし、パターンマッチを有効に使うにはある程度慣れていないと難しい側面があります。そのため、他言語でパターンマッチに慣れている人にお勧めです。

```
var checker = function (target:Array<Int>) {
    return switch (target) {
        case [a, b] if (b > a) : "A"; // ガード
        case [3, _] : "B";
        case [_, _, _] : "C";
        case _.length => 4 : "D"; // extractor
        case [] : "E";
        case _ : "F";
    }
}
trace (checker([3, 6])); // A
trace (checker([3, 2])); // B
trace (checker([3, 4, 5])); // C
trace (checker([3, 4, 5, 6])); // D
trace (checker([])); // E
trace (checker([4, 3])); // F
```

配列以外にも、構造体やenumに対してもパターンマッチが可能です。

非常に便利ですが、if文の組み合わせで代用はできるので、分からなければ無理して使う必要はないでしょう。

7-7 テスト

Haxeには、「haxe.unit」というパッケージに、最初からユニットテスト用のクラスが用意されています。

ただし、テストはコマンドラインから呼び出す必要があり、NekoVMで動作するため、ここでは解説しません。

サードパーティ製のテストライブラリもあるので、こちらを簡単に紹介します。

●MassiveUnit

https://github.com/massiveinteractive/MassiveUnit/wiki

強力なテストライブラリで、非同期のテストなども完備しています。

ただし、導入に手間がかかるのと、日本語の資料があまりない関係から、ユニットテストに不慣れだと苦労するかもしれません。

●NanoTest

https://github.com/shohei909/NanoTest

エディタのコンパイラ警告としてテスト結果を出力してくれる、シンプルなテストライブラリです。

導入が比較的楽なのと、作者が日本人のため、ネット上に日本語の資料が存在するのがありがたいところです。

7-8 TypeとReflect

　変数やクラスに文字列でアクセスする機能は、「Type」クラスと「Reflect」クラスにまとまっています。

```
class Hero {
    public var hp:Int = 100;
    public function new () {
    }
}
class Test {
    static function main () {
        // 文字列でクラスを作成する
        var heroClass:Class<Dynamic> = Type.resolveClass ("Hero");
        // 変数に入れたクラスからインスタンスを作成する
        var hero:Hero = Type.createInstance (heroClass, []);
        // 通常のアクセスをする
        trace (hero.hp); // 100
        // 文字列で変数にアクセスする
        trace (Reflect.field (hero, "hp")); // 100
    }
}
```

　文字列のアクセスは、プログラム側が認識できないため、思わぬ事故につながります。

　たとえば、上のコードでは「hero.hp」に一度アクセスしていますが、この行がないと、次のReflectによる文字列アクセスに失敗します。なぜかと言うと、「hp」という変数が一度も使われていないものとして、最適化のためにコンパイラが処理を消してしまうからです。

　Haxeのコンパイラオプションでこの最適化をしないように指定することもできますが、文字列アクセスのために最適化を消してしまうというのはあまりよくありません。

　また、コンパイル時のエラーチェックもすり抜けるので、安全ではありません。

　文字列でのアクセスは、本当にそれが必要なときだけにしましょう。

7-9 ダックタイプ

構造体の型指定を、別の型の構造体やクラスに対して行なうことができます。

このとき、他の変数をもっていてもかまいません。

次の例では、SaveDataという構造体型指定を、GameDataというクラスに対して行なっています。同じ変数の状態などに注意して見てください。

```haxe
typedef SaveData = {
    var userName:String;
    var level:Int;
}
class GameData {
    public var userName:String;
    public var level:Int;
    public var startTime:Int;
    public function new (userName:String, level:Int, startTime:Int) {
        this.userName = userName;
        this.level = level;
        this.startTime = startTime;
    }
}
class Test {
    static function main () {
        // 同じ変数を持つクラスを入れることができる
        var saveData:SaveData = new GameData ("あああ", 10, 0);
        trace (saveData.level); // 10
        // 存在していても定義されていない変数にはアクセスできない
        // trace (saveData.startTime); // エラー
    }
}
```

このような「これさえあればいい」といった型指定のことを、「ダックタイプ」と言います。継承関係がなくても同じ特徴を持つクラスなどを、いっぺんに扱うときに便利です。

7-10 Serialize（直列化）

Haxeには、値を文字列に変換するための「haxe.Serializer」と、それを元に戻す「haxe.Unserializer」が用意されています。ほとんどのインスタンスを内部の変数まで含めて文字列に変換でき、ファイルに保存したり通信に使うことができます。

文字列に変換するときは、「Serializer.run（インスタンス）」、文字列から元に戻すときは「Unserializer.run（文字列）」とします。

```
import haxe.Serializer;
import haxe.Unserializer;
class Hero {
    public var hp:Int = 100;
    public function new () {
    }
}
class Test {
    static function main () {
        var originalHero:Hero = new Hero ();
        trace (originalHero.hp); // 100
        var heroData:String = Serializer.run (originalHero);
        trace (heroData); // cy4:Heroy2:hpi100g
        var revivalHero = Unserializer.run (heroData);
        trace (revivalHero.hp); // 100
    }
}
```

インスタンスが入れ子になっていても、問題なく動作します。ただし、一部のクラスや環境によって、直列化できないこともあります※。

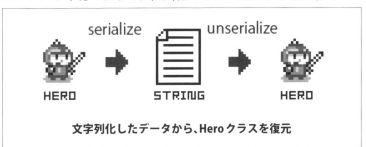

文字列化したデータから、Heroクラスを復元

※よく使う例としては、Flash環境におけるVectorクラスが、直列化の復元に失敗するなど。

Haxeの直列化の大きな利点は、別のプラットフォームをまたいでも、文字列の復元が可能という点です。これを利用して通信APIそのものを、Haxeのクラスやenum定義で行なうことも可能です。

ただし、通信に使う場合、当然ですが内容が改変されている可能性を考慮する必要があります。特にシリアライズしたデータの関数を呼び出す場合は、セキュリティ上の問題が発生する可能性があります。

動作の安全性を保つには、UnserializerのsetResolver関数を使って、変換する型を限定してしまうという方法があります。

SerializerとUnserializerの処理は、少し遅いので注意が必要です。

ActionScriptのみの環境でいい場合は、Flashの機能であるAMF直列化形式を使ったほうが、早くて軽くなることが多くなります。

JavaScript環境では、JSONも選択肢に入れましょう。ただし、JSONは型情報が消失します。

7-11 abstract

C#言語やJava言語におけるabstractとは違うので、気をつけてください。

ここでは具体的な構文を紹介しませんが、abstractは以下の機能を実装するために利用できます。

- 演算子のオーバーロード
- 配列アクセスのオーバーロード
- 暗黙の型変換の指定
- 不透明型

abstractも、無闇に使うべきではありませんが、ミスを減らすために役立つ型を作ることも可能です。

基本的には、ライブラリなどの実装向けの機能です。

7-12　macro

「macro」は、Haxeにおける最終手段です。

コンパイル時にプログラムそのものを書き換える機能で、雑に言ってしまえば、プログラムにできることなら何でも可能になってしまうスゴイ機能ですが、同時に危険な機能です。

そのため、Haxeに慣れていないうちは使うべきではありませんが、何ができるのかは知っておいてもいいでしょう。

macroを使うと、次のようなことが可能になります。

・別言語をHaxe内部に埋め込む。
・誰がコンパイルしたか、いつコンパイルしたかなど、コンパイルした環境の情報を、プログラム内部に埋め込む。
・コンパイル時に特定ファイルやサーバーデータにアクセスし、その内容によってコードを書き換える。
・計算する内容が決定している処理をあらかじめ終えた状態で、コードに展開しておく。
・コードのコメントや、行数情報を参照する。

7-13　関数の呼び出し位置の情報を得る

関数の最後の引数に「haxe.PosInfos」型の省略可能な変数を付け加えることで、引数に関数呼び出し位置の情報が埋め込まれます。デバッグなどに有用です。

```
import haxe.PosInfos;
class Test {
    static function main () {
        sampleMethod ();
    }
    static function sampleMethod (?pos:PosInfos) {
        trace ('$pos から呼び出されました。');
    }
}
```

この例では、「{ fileName : Test.hx, lineNumber : 5, className : Test, methodName : main } から呼び出されました。」のように出力されます。

サンプルゲームについて

　本書ではHaxeを利用したコンテンツの具体的な例として、簡単なゲームのソースコードを、工学社のホームページからダウンロードできます。

＜工学社ホームページ＞
http://www.kohgakusha.co.jp/

　以下の図は、サンプルゲームのプレイ画面です。
　これは、**第7章**のサンプルに、処理の追加や変更を行なったものになります。画面クリックでタイミングよくジャンプして、敵を飛び越すだけの内容ですが、背景描画や敵との接触時のダメージ表示のほか、BGMや効果音といったサウンド再生も行なっています。

　OpenFLを使っているので、Windows、Android、Flash、HTML5で動作確認が可能です。
　ただし、HTML5ターゲットの場合、ローカル環境では動作しません。また、後述しますが、環境によって一部動作が異なる箇所があります。

サンプルゲームについて

■TileLayer

第7章のサンプルではTilesheetクラスを利用し、独自にスプライトシートの分解描画を行なっていましたが、今回のサンプルではスプライトシートを扱いやすくするため、TileLayer（openfl-tilelayer）というライブラリを利用します。

ソースコードをコンパイルする前に、あらかじめ以下のコマンドを、コマンドプロンプトに入力し、インストールを行なっておいてください。

```
haxelib install tilelayer
```

スプライトシートは「Sparrow V2」形式を使っています。

■ソースコード詳細

各ソースコードは次のような働きをします。

●Main.hx

・各インスタンスの生成。
・各インスタンスの処理呼び出し。
・画面クリックや衝突判定の結果を、layerに伝える。

●Player.hx

・TileClipを利用したアニメーション描画。
・特に何も操作がない場合、walk関数が呼び出され続け、その場で歩く表示を行なう。
・ジャンプ命令が行なわれると、ジャンプする。
・歩行中もしくはジャンプ中にダメージを受けると、点滅処理を呼び出す。

●AssetsFactory.hx

・Assetsディレクトリ内に配置した素材データにアクセスする。

●Background.hx

・ループ背景を描画。

●Enemy.hx

・TileClip を利用したアニメーションを描画。
・画面外まで移動すると、処理を終了する。

●EnemySet.hx

・敵集団の管理。
・一定時間ごとにランダムで敵を生成。

●MouseEventCheker.hx

・画面のクリック状態の調査。

■TileSprite.offset

　TileLayer に配置する TileSprite や TileClip はデフォルトで画像中心座標を軸に描画を行なうため、offset 関数を用い 左上座標を軸に描画を行なうよう設定しています。以下は一例です。

```
tileSprite = new TileSprite(tileLayer, "spritesheet/backgro
und/view");
tileSprite.offset = new Point(-tileSprite.width / 2, -tileS
prite.height / 2);
```

■HTML5 サウンドファイルの扱い

　OpenFL の HTML5 サウンド再生には、CreateJS の SoundJS ライブラリが採用されています。

＜CreateJS＞

| http://www.createjs.com/ |

　読み込み対象の wav ファイルがブラウザに対応していない場合、実行時に最適なサウンドファイル（ogg,mp3 のどちらか）が再生されるようになります。

サンプルゲームについて

■固有の動作と不具合

当サンプルでは、Windows、Android、Flash、HTML5のどれについても意図通り動作するように、無難な処理を記述しています。

また、以下は将来的に改善される可能性があります。

●androidターゲット出力での問題

OpenFLのバージョン3では、スプライトシート描画を行なうと黒くなってしまうため、以前のバージョンでコンパイルするための「-Dlegacy」オプションを指定する必要があります。

```
lime test android -Dlegacy
```

●flashターゲット出力での問題

TileLayerバッチ処理「displayobject.addChild（tileLayer.view）;」の後に、TileLayerへのaddChildを実行すると、一瞬、(0, 0) 座標に画像が描画されてしまいます。

おわりに

　Haxeは、すでに必要な機能が揃っているにも関わらず、現在も新しい機能が追加され続けています。

　取り入れられた新しい言語仕様をそのまま体験することができるだけでなく、それを他言語でどのように再現するかの参考にもなるため、学んだことは損にならない言語だと言えるでしょう。

　しかし、特に日本では情報の少ない言語であることは否めない事実です。そのため、わずかな情報でも非常に貴重なものとなります。

　この本を手に取り、興味を持ち、実践していただいた人は、後に続く人のためにも、ぜひとも情報を発信する側に立っていただき、発見したこと、思いついたこと、そして困ってしまったことについて、Webなどで情報を広く公開してもらえればと思います。

　そうして、Haxeが盛り上がっていけば幸いです。

尾野　政樹
&
ディーグエンタテインメント

謝　辞

　書籍の監修をしていただいた、澤 祥平氏、増山 智之介氏には、監修の枠を超えて大きく関わっていただきました。2人の協力なしには書籍は完成しなかったと思います。

　また、修正などの手伝いをしていただいた、山越 浩司氏、向山 晃司氏、鳥村 克伸氏、福田 圭佑氏、沖 学伯氏にも助けられました。

　その他、アドバイスをいただいた方々も含め、この場をお借りしてお礼申し上げます。

索引

50音順

《あ行》
- あ アクセス修飾子 ……………………………… 87
  - アクセス制御 ……………………………… 89,146
  - 暗黙的な型変換 ……………………………… 63
- い インクリメント ……………………………… 66
  - インスタンス ……………………………… 13,79
  - インターフェイス ……………………………… 96
- え 演算子 ……………………………… 66
- お オーバーライド ……………………………… 93
  - オーバーロード ……………………………… 83
  - オブジェクト指向プログラミング ……………… 90

《か行》
- か 型 ……………………………… 59
  - 型安全 ……………………………… 99
  - 型エラー ……………………………… 61
  - 型推論 ……………………………… 8
  - 型パラメータ ……………………………… 61,144
  - 型判定 ……………………………… 94
  - 型変換 ……………………………… 93
  - 関数 ……………………………… 82
- く クライアント ……………………………… 11
  - クラス ……………………………… 79
  - クラス定義 ……………………………… 14
  - クロージャー ……………………………… 86
  - クロージャー ……………………………… 145
  - クロスプラットフォーム ……………………… 126
- け 継承 ……………………………… 87,91
  - 構造体 ……………………………… 64
- こ コメント ……………………………… 58
  - コンストラクタ ……………………………… 80

《さ行》
- さ サブクラス ……………………………… 91
  - 三項演算子 ……………………………… 67
- し ジェネリクス ……………………………… 10,61
  - 四則演算 ……………………………… 66
- す 推論 ……………………………… 64
  - スコープ ……………………………… 76
- せ 正規表現 ……………………………… 78
  - 静的型付け ……………………………… 8

《た行》
- た 代数的データ型 ……………………………… 10
  - ダックタイプ ……………………………… 156
- て デクリメント ……………………………… 66
  - テスト ……………………………… 154
- と 動的型付け ……………………………… 7
  - 動的言語 ……………………………… 7

《は行》
- は 配列 ……………………………… 6
  - バグ ……………………………… 8
  - パターンマッチ ……………………………… 10
- ひ 比較演算 ……………………………… 67

- 引数付きenum ……………………………… 149
- ふ フォールスルー ……………………………… 75
- へ 変数 ……………………………… 59
- ほ 補完機能 ……………………………… 99

《ま行》
- ま マクロ ……………………………… 10
- む 無名関数 ……………………………… 86,145
- め 明示的な型変換 ……………………………… 62
  - メンバ ……………………………… 86

《ら行》
- り リファクタリング ……………………………… 8
- れ 列挙型 ……………………………… 147
  - 列挙体 ……………………………… 10
  - 連想配列 ……………………………… 62
- ろ ローカル変数 ……………………………… 86
  - 論理演算 ……………………………… 68

アルファベット順

《A》
- abstract ……………………………… 158
- Adobe AIR ……………………………… 117
- altJS ……………………………… 8
- AND ……………………………… 68
- Android ant ……………………………… 134
- Android NDK ……………………………… 134
- Android SDK ……………………………… 134
- Androidネイティブアプリ ……………………… 134
- API ……………………………… 108
- Array ……………………………… 61

《B》
- break ……………………………… 70
- ByteArray ……………………………… 121

《C》
- callback ……………………………… 95
- cast ……………………………… 93
- catch ……………………………… 72
- continue ……………………………… 70
- CreateJS ……………………………… 163

《D》
- DOM ……………………………… 109
- Dynamic ……………………………… 63

《E》
- each ……………………………… 113
- enum ……………………………… 10,147
- extends ……………………………… 91
- extern ……………………………… 100
- extractor ……………………………… 153

《F》
- Flash Player ……………………………… 52

166

索 引

flash.Lib.current	118
FlashDevelop	24
for 文	69

《G》
Generics	61

《H》
Haxe Studio	35
haxe.PosInfos	159
haxe.resource	121
haxe.Serializer	157
haxe.unit	154
haxe.Unserializer	157
haxelib	98
hxml	41

《I》
if 文	69
implements	96
import	81
inline	88
IntelliJ IDEA	34

《J》
Java JDK	134
jQuery	110
jQueryExtern	110
js.Browser	109
js.Cookie	108
js.Lib	108
JSON	14

《K》
keys ()	71

《L》
Lib.eval ("this")	113
Lime	128

《M》
macro	159
Magic	99
Map	62
MassiveUnit	154

《N》
NanoTest	154
NOT	68

《O》
OpenFL	11,125
Option	152
OR	68
override	93

《P》
private	87
Project 設定ファイル	132
public	87

《R》
Reflect	155

《S》
Serialize	157
Serializer	13
setResolver	158
SoundJS	163
Sprite	118
static	88
Std.is ()	94
Sublime Text	34
super ();	91
switch	73

《T》
this	90
throw	71
trace	57
Try Haxe	17
Type	155
typedef	65
TypeScript	9

《U》
untyped	99

《V》
var	59

《W》
while	71

《X》
XML	14

記号・数字

#if	143
$type (変数)	60
@:bitmap	118
@:fakeEnum	104
@:file	121
@:font	119
@:sound	119
@overload	106
-Dlegacy	142
__global__	100
__js__	99
16進数表記	64

[著者略歴]

尾野　政樹（おの・まさき）

2010年	ゲーム制作会社からフリーランスとして独立。
2014年	株式会社デジタイグレードを立ち上げる。
2015年	株式会社Cygamesの子会社として、株式会社シテイルを設立、代表取締役に就任。

主な活動として、Webやモバイルゲームを中心とした制作を行なっている。代表作は「DotWar」など。

【株式会社デジタイグレード】　http://digiti.jp/
【株式会社シテイル】　　　　　http://www.citail.jp/
【twitterアカウント】　　　　　tail_y

ディーグエンタテインメント（白玉（しらたま））

2004年	IT関連会社、キャラクターデザイン会社を経て、Webコンテンツ制作会社に入社。
2014年	株式会社ディーグエンタテインメントに入社。

個人としてはWebサイト「団子一味の野望」を運営し、ドット絵キャラクターを用いたアニメーションやゲームを公開している。blogではWebに関する技術情報を発信中。

【株式会社ディーグエンタテインメント】　http://www.deeg-entertainment.jp/
【団子一味の野望】　　　　　　　　　　http://www.dango-itimi.com/

本書の内容に関するご質問は、
①返信用の切手を同封した手紙
②往復はがき
③FAX (03) 5269-6031
　（返信先のFAX番号を明記してください）
④E-mail　editors@kohgakusha.co.jp

のいずれかで、工学社編集部あてにお願いします。
なお、電話によるお問い合わせはご遠慮ください。

サポートページは下記にあります。

[工学社サイト]
http://www.kohgakusha.co.jp/

I/O BOOKS

Haxe プログラミング入門

平成27年8月5日　初版発行　Ⓒ 2015	著　者	尾野　政樹 ディーグエンタテインメント	
	編　集	I/O 編集部	
	発行人	星　正明	
	発行所	株式会社 **工学社**	
	〒160-0004 東京都新宿区四谷 4-28-20 2F		
	電話	(03) 5269-2041 (代)	[営業]
		(03) 5269-6041 (代)	[編集]
※定価はカバーに表示してあります。	振替口座	00150-6-22510	

印刷：図書印刷（株）　　　　　　　　　　　　　　　ISBN978-4-7775-1906-4